Antonio Mira de Amescua

El arpa de David

Edición de Vern Williamson

Créditos

Título original: El arpa de David.

© 2024, Red ediciones S.L.

e-mail: info@linkgua.com

Diseño de cubierta: Michel Mallard.

ISBN tapa dura: 978-84-1126-298-9.
ISBN rústica: 978-84-9816-078-9.
ISBN ebook: 978-84-9897-555-0.

Cualquier forma de reproducción, distribución, comunicación pública o transformación de esta obra solo puede ser realizada con la autorización de sus titulares, salvo excepción prevista por la ley. Diríjase a CEDRO (Centro Español de Derechos Reprográficos, www.cedro.org) si necesita fotocopiar o escanear algún fragmento de esta obra.

Sumario

Créditos _____ 4

Brevísima presentación _____ 7
   La vida _____ 7

Personajes _____ 8

Jornada primera _____ 9

Jornada segunda _____ 51

Jornada tercera _____ 99

Libros a la carta _____ 153

Brevísima presentación

La vida

Antonio Mira de Amescua (Guadix, Granada, c. 1574-1644). España.

De familia noble, estudió teología en Guadix y Granada, mezclando su sacerdocio con su dedicación a la literatura. Estuvo en Nápoles al servicio del conde de Lemos y luego vivió en Madrid, donde participó en justas poéticas y fiestas cortesanas.

Personajes

Saúl, Rey de Israel
Jonatás, su hijo
Urías, Capitán
Joab, Capitán
Ana, criada
David
Jesé, padre de David
Velanio, pastor
Natán, profeta
Josef, secretario
Micol, hija del rey Saúl
Bersabé, mujer de Urías
Anfrisa, criada
Lísida, pastora
Selvasio, pastor
Lisardo, pastor
Golías, gigante filisteo
Rey de los filisteos
Pascasio, lacayo
Músico
León
Correo
Ángeles
Criados
Hermanos de David
Gitanos
Gitanas
Soldados
Figura de la muerte

Jornada primera

(Salen Jonatás, Saúl y Joab.)

Saúl Dios de Israel, Dios eterno,
basten las desdichas mías;
no me den melancolías,
espíritus del infierno.
Si vuestra gente gobierno
con alguna inobediencia,
moderad, Dios, la sentencia
de la pena con que vivo
porque en mal tan excesivo
no basta humana paciencia.
 Y vosotros que estáis viendo
el monte que traigo encima,
¿cómo, decid, no os lastima
el ver que estoy padeciendo?
En vivo fuego me enciendo;
en tristezas me consumo;
de mi tormento presumo
que según me martiriza,
hecho mi cuerpo ceniza,
resolverá el alma en humo.

Jonatás Padre, rey y señor mío,
de tu continua tristeza
nace este mal.

Saúl Mi flaqueza
es región del aire frío.
Del corazón, el estío
sombra oscura es. Esta casa,
y el alma en ella, se abrasa

9

	y un mar de tristezas bebe. ¡Ay de mí! ¡En qué tiempo breve la gloria del mundo pasa! ¿Veis armados escuadrones de espíritus infernales que en los orbes celestiales beben furiosos dragones?
Jonatás	Melancólicas pasiones tienen tu seso turbado.
Saúl	¿No miras el cielo airado, rojo su color azul?
Joab	¡Ah mísero rey Saúl, cómo estás endemoniado!
Saúl	¡Detente, muerte, detente! ¿Ay rey acometes? —Sí. —Pues, ¿qué pretendes de mí? —El alma está inobediente. —Triunfa agora de la gente. —No quiero. —¡Pues, ¿qué procuras? —Tu victoria. —¿Y me aseguras del vencimiento? —Pues, ¿no venceréte al fin? —¿Quién? —Yo.
Jonatás	¡Qué tristezas!
Joab	¡Qué locuras!
Saúl	¡Salid, demonios, de aquí! ¡Salid, tigres! ¡Salid fuera de mi casa!

Joab	Así saliera lo que está dentro de ti.
Saúl	¿Cómo os apartáis de mí? Volved, espíritus tristes. Demonios, ¿a qué volvistes? Morir tenéis a mis manos, espíritus inhumanos desde el día que caístes.
Jonatás	Sosiega, por vida mía. Toma, rey, algún consuelo que no te ha de dar el cielo eterna melancolía. Si la agradable armonía de la música te agrada, medicina está buscada de un pobrecillo pastor; que no ha cantado mejor, jamás, persona criada. Siéntate, y gusta, señor, que entre a cantar por tu bien un pastor que de Belén te he traído.
Saúl	¿Y un pastor, suspender puede el dolor que un espíritu infernal me causa?
Jonatás	Sí, porque es tal la música y armonía de su arpa que podía suspender la celestial.

Saúl Entre, pues, porque si tanto
puede una divina voz,
[quitar la pena feroz],
vida me dará su canto.

(Siéntase y sale David con su arpa.)

Joab Siéntate, señor, y el llanto
vuelve en risa y en quietud.

David Hoy de su dulce salud
mi arpa me da esperanzas,
templada con alabanzas
del autor de la virtud.

Jonatás Suena, dichoso pastor,
las dulces cuerdas templadas
que a voces tan acordadas
olvidará su dolor.

Joab Cante en ese corredor;
que la dulce consonancia
será mejor si hay distancia
entre la voz y el oído.

David Voy a cantar, y al rey pido
que perdone mi ignorancia.

(Vase David.)

Saúl Si el alma tiene sosiego,
sombras perturban mis ojos;
todo es temores y antojos;
todo es tristezas y fuego.

	Jonatás...
Jonatás	¿Señor?
Saúl	No niego que a mi Dios fui inobediente, pero es mi mal impaciente, es insufrible mi pena.
Jonatás	Escucha, pues, porque suena su música dulcemente.

(Cantan de dentro.)

Músicos	Corriendo hasta el mar los ríos, y el mar creciendo y menguando, que ya furioso, ya blando, pulsa en los peñascos fríos. [Aunque no pueden ser píos] las cosas inanimadas con voces no articuladas el mundo y el cielo ufano bendicen la santa mano de quien han sido criadas.
Jonatás	Parece que el dulce sueño con agradables despojos la luz hurtó de sus ojos.
Joab	Gusto siento no pequeño. Déjale dormir.

(Vanse Joab y Jonatás, y entre Micol.)

Micol (Aparte.) (Si el dueño
de esta voz que alegre suena
no es ángel, o no es sirena
que engaña el incauto oído,
el mismo Amor habrá sido
que cantó por darme pena.)

Músico En el valle coronado
de sombras y soledad,
donde la santa verdad
anda en su primer estado,
balando el libre ganado
y el pájaro sin prisiones,
con no aprendidas canciones
que exceden humano canto,
invocan el nombre santo
del dios de los escuadrones.

Micol (Aparte.) (¡Qué suavidad! ¡Qué dulzura!
El alma tras sí me lleva,
obligándome a que beba
esta voz sonora y pura.
¿Quién oyó mortal criatura
cantar así?)

Saúl Ya me siento
respirando nuevo aliento,
de no pensada alegría.
¡Oh poderosa armonía!
¡Oh celestial instrumentos!

(Salen David, Jonatás y Joab.)

Joab Ya con salud se levanta

| | alegre el rey. |

Jonatás   ¿Quién pudiera
                suspender pena tan fiera
                sin tu dulce garganta?

Saúl   Pastor que sana si canta,
                déme los brazos.

David   Los pies
                será razón que me des.

Micol (Aparte.) (Talle y voz iguales veo.
                Tente, Amor; tente deseo;
                que un humilde pastor es.
                   Las cuerdas de un instrumento
                son amorosas prisiones;
                su voz dulce y sus canciones
                son centro del pensamiento.
                La libertad y el tormento
                nos suspendió juntamente;
                mas iay!, que es loco accidente
                del alma casi divina
                cuando tan fácil se inclina
                al objeto que hay presente.)

Jonatás   Quisiera entrarte en mi pecho
                y así dos vidas tuviera
                con que decirte pudiera
                la amistad que habemos hecho
                en las almas.

David   Satisfecho
                estoy de tanto favor;

       rey seré, si eres pastor.

Jonatás   Pero te quiero de suerte
       que me igualas.

David   A la muerte
       parece solo el Amor.

(Sale Urías.)

Urías   Señor, si de tus trofeos,
       en mil batallas ganados,
       no quieres ver olvidados
       tus inmortales deseos,
       mira que los filisteos
       pasando van adelante,
       y un capitán arrogante
       en tu reino asombra a todos;
       que un palmo más de seis codos
       tiene el soberbio gigante.
        Si ya en tus melancolías
       el pretendido fin hallas,
       llama al Dios de la batallas
       en cuyo brazo confías
       y defiéndete.

Saúl   Los días
       que pasando estoy sin Él
       al enemigo cruel
       mi enfermedad le provoca.
       Ya estoy bueno; al arma toca,
       [¡Cierra el hueste de Israel!]

(Vanse los dos.)

Micol (Aparte.)　　　(Alégrame, si lo miro,
tener miedo y osadía
y en dulce melancolía
dar un alegre suspiro.
Pésame, si me retiro,
imaginar devaneos
y en amoroso trofeos
tener recato y temor.
¿Qué puede ser, sino amor?
Teneos, locos deseos.
　Pastor es quien mis sentidos
regala en vanos antojos,
con su presencia en los ojos
y con su voz los oídos.
Pensamientos mal perdidos,
¿cómo no os perdéis por altos?
Que el corazón me da saltos,
temiendo, que mi afición
no se inclina a hombres que son
de merecimientos faltos.)

David (Aparte.)　　　(¿Cuándo la fresca mañana,
que el blanco rebaño mío
borda el pasto con rocío,
tuvo luz tan soberana?
¿Cuándo se vio tan lozana
corderilla dando saltos?
Mirad, pensamientos faltos
de humano merecimiento,
que será el subir violento.
No queráis subir tan altos.
　Hija es del rey la que he visto.
Yo soy humilde pastor.
Si esto que siento es amor,

gloria imposible conquisto.
Si al principio no resisto,
creceréis, locos deseos,
y entre ciegos devaneos
yo os prometo que caigáis.
Siendo esto así, no subáis,
o ya que subís, teneos.)

Micol   Pastor, que en el verde prado
cantando en alegres días
con tu música podías
hacer andar el ganado
del agua y yerba olvidado,
¿quién eres? Porque, de suerte,
es tu voz tan suave y fuerte
que te podrás igualar
a la sirena del mar
y al blando cisne en la muerte.

David   Reina que en el verde prado
dando luz a nuestros días
con tu hermosura, podías
hacer andar olvidado
de agua y yerba mi ganado,
David soy, que al rey pretendo
servir cantando y tañendo.
Belén fue mi patria ya,
Jesé mi padre, y Judá
la tribu de quien desciendo.
   Como fui el hijo menor,
siendo los demás soldados,
guardar me mandó ganados.
En efecto soy pastor,
pero conozco el valor

                        de esos ojos de los cielos;
                        porque entre cándidos velos
                        turbado se mira el Sol
                        porque le tiene Micol
                        muerto de envidia y de celos.

Micol (Aparte.)   (¡Qué gallardo! ¡Qué discreto!
                        Hablando y tañendo mata.
                        ¡Ay Naturaleza ingrata!
                        ¿Por qué hiciste tal sujeto
                        pobre así? Pero en efeto
                        le diste mucha nobleza.
                        ¡Qué gallarda gentileza!
                        Al Amor hago juez
                        que es aquesto «haya un vez
                        en la mujer fortaleza».)

David   Ya que falta la presencia
                        de tu padre y rey amado,
                        volveréme a mi ganado
                        si acaso me das licencia.

Micol   (Aquí importa resistencia.)
                        Ve, David, en hora buena.

(Dicen aparte mientras se va cada uno por su puerta.)

David   (Hora de tu gloria ajena,
                        ¿cómo puede ser buen hora?)

Micol   (Voz que mata y enamora
                        de ángel es, o de sirena.)

David   (El alma se deleita si la veo.)

Micol	(Crece, cuando te miro, mi locura.)
David	(Prisión del albedrío es su hermosura),
Micol	(¡Cuidado! Es el amor o devaneo.)
David	(¿Qué siento? ¿Qué imagino? ¿Qué deseo?)
Micol	(No me dejes, razón; tenme, cordura.)
David	(El mismo Sol envidia luz tan pura.)
Micol	(Si vence mi pasión, ¡qué gran trofeo!)
David	(Desmandados andáis, tímidos ojos.)
Micol	(Ojos, ¿por qué razón sois tan villanos?)
David	(Antojos, sosegad.)
Micol	(Dejadme, antojos.)
David	(Pensamientos de honor, seréis tiranos.)
Micol	(Pensamientos de honor, seréis despojos.)
David	(¡Crueles!)
Micol	(¡Insufribles!)
David	(¡Ciegos!)
Micol	(¡Vanos!)

(Vanse. Salen Lisardo, Lísida y pastores.)

Lisardo ¿Aún no te dejas amar?
¿Qué más mal que tu dureza,
ni qué Sol a tu belleza
puede, Lísida, igualar?
 ¿Qué pastor mi igual se ve
si amores te satisfacen
en estos campos que pacen
los ganados de Jesé?
 Aquí el árbol más sombrío
que de verde vistió el mayo
desnudo se ve de un rayo
y del rigor del estío.
 La fuente más singular
que bebe nuestro ganado,
naciendo en el verde prado
viene a morir en el mar.
 Toda esa verde ribera
despoja y seca el octubre
y segunda vez la cubre
de flores la primavera.
 Del tiempo y naturaleza,
¿qué cosa no se alteró?
Solo aqueste monte y yo
sabemos tener firmeza.

Lísida No me vences de esa suerte,
pues tengo firmeza igual.

Lisardo Dime, ¿en qué?

Lísida En quererte mal.

    Soy monte en aborrecerte.
     Hacer no podré mudanza.

Lisardo   Con eso estoy más gozoso
      que será pastor dichoso
      quien tus desdenes alcanza.

Lísida   ¿Cómo así?

Lisardo   ¿Cuál es mejor,
      estar en humilde estado
      cerca de ser levantado
      a prosperidad mayor,
       o, en un estado felice
      cerca de un mal lastimero?

Lísida   El mejor es el primero.
      Ello mismo se lo dice.

Lisardo   Dichoso, pues, vengo a ser.
      Con tu disfavor prometo
      que has de mudarte en efeto,
      que eres hermosa y mujer.
       Verme agora aborrecido
      me da, Lísida, esperanza,
      que será, con tu mudanza,
      este amor agradecido.
       Olvidarás al zagal
      más dichoso de Belén.
      Subiré del mal al bien
      y él caerá del bien al mal.
       Habiéndote de mudar,
      los estados mudaremos;
      que eres mujer y en extremos,

	por fuerza tienes de andar.
Lísida	Si amiga de extremos es
	la mujer, y amando estás,
	quiero aborrecerte más
	por quererte más después.

(Sale Velanio, pastor.)

Velanio	Serrana hermosa y cruel,
	más que tigre y más que estrella,
	que está más ingrata y bella
	con ese verde laurel,
	¿hasta cuándo mis porfías
	inútiles han de estar?
	Si el tiempo sabe volar
	en las alas de los días,
	¿cómo tú al tiempo te opones?
	¿Cómo no se mueve en ti
	Mas, ¿qué me espanto, si en mí
	fijas están las pasiones?
	¿Cómo no aprendes, ingrata,
	de aquellas fuentes a amar?
	Que apetecen siempre el mar
	con sus corrientes de plata.
	El cordero más lucido
	ama y sigue con descanso
	las pisadas de su manso
	y de su madre el balido.
	Las ovas en las pizarras,
	la hiedra en muro asolado
	y en el olmo levantado
	enseñan amor las parras.
	Aquí en la verde ribera,
	tórtolas y ruiseñores

                            se ejercitan en amores
                            en la alegre primavera.
                                El más bruto, amando, muere.
                            Ama el pez, la fiera, el ave.
                            Solo Lísida no sabe
                            qué es amar o amar no quiere.

Lísida   Yo confieso que aprendí
                            del Sol a Sol qué es amor;
                            pero no aprendí, pastor,
                            a tenerte amor a ti.

(Sale Selvasio.)

Selvasio   Zagala dulce y sabrosa,
                            más que la lumbre en invierno,
                            mujer más dura que el cuerno
                            del aceite, y más hermosa
                               que una caldera de migas,
                            dame cuarenta favores
                            que me pican tus amores
                            como si fueran ortigas.
                               Estos ojos, ¡ay de mí!,
                            que tu amor cegar porfía,
                            por ti no duermen de día,
                            de noche no ven por ti.
                               Mirando tus ojos, tomo
                            tanto amor, cuando he comido,
                            que de mí mismo me olvido
                            y hasta la noche no como.

Lisardo   Aun los rústicos adoran
                            tus celestiales despojos.

Velanio	Cuantos miran, esos ojos
vencen, matan y enamoran.
Lisardo	Tres años ha que mis males,
ingrata Lísida, lloro.
Velanio	Seis años ha que te adoro.
Selvasio	Desde que anduve en pañales
tengo amor muy peregrino
a ese rostro o a esa cara,
más que el agua pura y clara.
¡Ojo!, que no dije al vino.
Lísida	Por antigüedad merece
Selvasio más que los dos.
Lisardo	Bella imagen en quien Dios,
como su autor, resplandece,
dame ese verde laurel
que en la hermosa frente tienes;
mira, no dejes tus sienes
tan ingratas como él.
Dame esos ricos despojos
con que adornas tus cabellos,
porque me libre con ellos
de los rayos de tus ojo.
Selvasio	Dame esas hojas, o algunas,
porque en tu nombre las eche
en el caldo y escabeche
del pescado y aceitunas.
Lísida	Este laurel pienso dar

| | a quien matare el león
que anda en el valle. |
|---|---|
| Lisardo | A Sansón
puedes, señora, llamar
que del otro mundo asome
y gane acá tu corona. |
| Selvasio | ¡Al león! ¡Mire qué mona
para que el hombre la tome! |
| Velanio | Más victoria puede ser
el vencer tu condición,
que el hombre vence al león,
pero al hombre la mujer;
mas porque sepas que amor
da valor a quien se espera,
de la muerte de esa fiera
he de volver vencedor. |
| Lisardo | Y yo que tu Sol hermoso
reverencio, amo y respeto,
sin ser David, te prometo
los brazos fuertes de un oso. |
| Selvasio | No ofrezco oso ni león,
pero a fe que, si las todo,
traiga más zorras de un chopo
que diz que cogió Sansón. |
| (Sale David.) | |
| David (Aparte.) | (Alegre campo ameno,
valle florido y monte levantado, |

de libertad ajeno
vuelvo humilde pastor a mi ganado;
que en hora lastimosa
vieron mis ojos a Micol hermosa.
   Vosotros, verdes prados,
región de mi ganado y patria mía,
dad ocio a mis cuidados
en las cenefas de una fuente fría
para que yo no aumente
con lágrimas su líquida corriente.)

Lísida
   David, pastor y dueño
de un libre corazón y estos rebaños,
con llanto no pequeño
cuento las horas por prolijos años
en este valle ameno
sin ti, de sombras y tristezas lleno.
   Tres siglos ha que faltas,
que siglos al ausente son los días,
y en esas peñas altas
que forman entre sí bóvedas frías,
sin duda Amor se esconde,
pues si llamo a David, David responde.
   Balaban los ganados
entre las sombras de esas verdes plantas,
de pacer olvidados
del modo que lo están cuando tú cantas;
sus débiles balidos
sin duda por tu ausencia dan gemidos.
   Las aves suspendían
las cantilenas dulces y suaves
que oyéndote aprendían,
pues que, saliendo al Sol todas las aves,
tu voz, ¡qué maravilla!,

       les sirve de maestro de capilla.
          Las aguas que paradas
       tuvo la fuerza de tu voz arriba,
       en cristal desatadas
       y en círculos de plata fugitiva,
       al mar corren ligeras
       pensando verte en tierras extranjeras.
          Mas ya que el valle pisa
       el hermoso pastor tan deseado,
       se detienen con risa
       las aguas en las flores de ese prado;
       el Sol alegre nace,
       cantan las aves y el ganado pace.

David   Bellísima serrana
       que alegras con tus ojos valle y río
       mejor que la mañana
       con su luz y con cándido rocío,
       desvanecer no quieras
       un alma con palabras lisonjeras.

Velanio   Lisardo, ¿no has mirado
       en Lísida este amor?

Lisardo   De nuestra ingrata
       David es el amado.

Velanio   Muero de envidia.

Lisardo   Con sus celos mata
       mejor que con sus cielos.

Selvasio   Pues aunque tonto so, también hay celos.

(De dentro.)

Voces	¡Guarda el león furioso!
	¡Guarda el león que cerca los ganados!
Velanio	Ponga el pecho medroso
	sus alas en los pies, y sus cuidados.
Lisardo	En brazos de aquel pino
	mi vida he de poner.
Selvasio	Y yo mezquino,
	ligero como un plomo,
	que parezco una cuba movediza,
	¿pode escaparme?
Lísida	¿Cómo
	si aquel horno de cal y de ceniza
	no ayuda en este aprieto?
Selvasio	Pues Lísida lo dice, en él me meto.
Lísida	David, yo no he temido
	al oso ni al león porque mi pecho
	amándote ha vivido.
	Animosa soy. Ya tu igual me has hecho,
	y a pesar de Lisardo,
	esta guirnalda de laurel te guardo.
David	Aunque es amor honesto
	el que me tienes tú, bella pastora,
	a más vengo dispuesto.
(Aparte.)	(A un imposible que en la corte mora.)
(Sale el León.)	No temas esta fiera;

        mientras le mato, sin temor espera.
          Y tú, soberbio bruto,
        que a los rediles llegas del ganado,
        robando el dulce fruto,
        si resistes el golpe del cayado,
        verás que te arruina
        David, como el Sansón de Palestina.

(Entra con el León.)

Lísida
          No sé si es mayor daño
        el que puede causar el alma mía,
        pastor, tu desengaño
        que la muerte cruel que dar podía
        ese león furioso
        menos tirano, al fin, y más piadoso.
          Ingrato, si pretendes
        mi desdichado fin en verdes años,
        ¿para qué me defiendes
        del león si me matan desengaños?
        Más dulce muerte fuera,
        que tu ingrato desdén la de esa fiera.
          Animal atrevido,
        si en pecho irracional, piedad se halla,
        a mi pastor querido
        deja, volviendo a mí la cruel batalla.
        Darásme de esa suerte
        dos vidas —con su vida y con su muerte.

(Sale David con la cabeza del León.)

David
          Deja, Lísida hermosa,
        el llanto que al temor pálido ofreces,
        y en la puerta dichosa

	de tu choza verás, como otras veces
	la cabeza clavada
	del vencido león que te espantaba.
	Pastores fugitivos,
	seguros estáis ya.

Lisardo	Yo nada temo.
Velanio	David nos tiene vivos;
	ya la fiera ha vencido.
Selvasio	¡Que me quemo!
Lisardo	De mil victorias goces.
Selvasio	¡Que me quemo!
Velanio	¿Quién es el que da voces?
Selvasio	Selvasio el inocente,
	en la ceniza de este horno oscuro.
Lisardo	La cal deja caliente,
	que muerto está el león. Ya estás seguro.
Selvasio	¿Y está del todo muerto?
Lisardo	Más que tu agüelo.
Selvasio	¿Cierto?
Lisardo	Cierto.
Selvasio	¿Cierto?

Lisardo   Sí.

Selvasio   Pues jura.

Lisardo   Así impida
         del riguroso amor la pesadumbre.

Selvasio   Pues jura más.

Lisardo   Por vida
         de Lísida.

Selvasio   Pues jura.

Lisardo   Por la lumbre
         de las celestes ruedas.

Selvasio   Pues no quiero salir.

Lisardo   Ni salir puedas.

Selvasio   ¡He aquí! Ahora parezco.

Lisardo   Molinero infernal, ya arder te vimos.

Selvasio   Pues yo se lo agradezco.

Lisardo   Grande fue tu temor.

Selvasio   Todos huimos,
         aunque yo decir puedo
         que el fuego no me abrasa sino el miedo.

Lísida	Pastor que de esta fuente tiñes con sangre diáfanos cristales, a tu gallarda frente que racimos de perlas y corales triunfando merecía, esta guirnalda ofrece el alma mía. Tejiéndola tu esclava, al solo vencedor de esta leona mi mano reservaba la verde cuanto mística corona, y así en esto decía que solo para ti el laurel tejía.
Lisardo	Su frente la merece de rey. ¡Viva David! Vuele su fama del ave hasta el pece.
Velanio	Pronostique en tus sienes esa rama la corona divina que dan Jerusalén y Palestina.
(Sale Jesé.)	
Jesé	¡David!
David	Señor dichoso de estos campos, ganado y pastores, Jesé, padre famoso que pisas estas márgenes y flores con tan dichosa planta, que es tuyo cuanto ves...
Jesé	Hijo, levanta.

Lisardo	Al señor apacible
del campo de Belén los pies pidamos;
del cedro, incorruptible
a pesar de la edad, cortemos ramos,
formando arcos triunfales
en que reciba amor huéspedes tales.
Jesé	El ánimo agradece
mi nobleza y valor.
Lisardo	En los serranos
solo amor resplandece.
Jesé	Por ti vengo, David, que a tus hermanos
ausentes de esta tierra
detiene el ejercicio de la guerra.
Ven conmigo al momento,
porque quiero que vayas con cuidado
a llevarles sustento
y a guardarles alegre su ganado.
¿Qué corona o qué gloria
es aquésa?
Lísida	El laurel de esta victoria.
Jesé (Aparte.)	(Secreta fortaleza
en aqueste rapaz ha puesto el cielo.
Ungióle la cabeza
un profeta de Dios, siendo mozuelo,
y agora, coronada,
fortuna le promete no pensada.)
David (Aparte.)	Adiós, bella serrana,
que a la guerra me voy. (El cielo quiera

              con su luz soberana
              sacarme de pastor, humilde esfera
              de un ánimo famoso
              que se atrevió a mirar el Sol hermoso.
                 Micol, si las hazañas
              pueden al hombre dar merecimiento,
              hoy dejo estas montañas
              con ánimo de ver mis pensamientos
              a mis obras iguales,
              regido de esos ojos celestiales.)

(Vanse David y Jesé.)

Selvasio   Su Sol llamó, o su berza,
              a no sé quién. David irá con hambre.

Lísida   Aquí padeces fuerza,
              vida pendiente del fatal estambre.
              David tiene pastora
              a quien, ¡oh gran dolor!, tiene y adora.
                 Ingrato dueño mío,
              amado de mi pecho honestamente,
              de este valle sombrío,
              ¿cuándo tú sueles ir alegremente?
              Espera, cruel, espera.
              Desengáñame bien antes que muera.

(Vanse y salen Saúl, Jonatás, Urías, y Joab. Tocan cajas.)

Saúl   ¿Qué tenebroso pecho no desmaya
              viendo la multitud de filisteos
              que a este pueblo de Dios guerra amenaza,
              y el monstruo capitán que los gobierna,
              hombre soberbio y desigual gigante?

              Que parece que el monte se estremece
              la vez que el brazo mueve. ¿A quién no espanta?
              De mí podré decir que en las batallas
              en que fui vencedor nunca he tenido
              el ánimo tan falto de esperanzas
              ni el corazón de ánimo tan falto.

Jonatás   ¿Cuándo el cielo dejó desamparado
              en el peligro al pueblo que le invoca?
              ¿Cuándo los capitanes o jueces
              del Dios de los ejércitos amigos,
              de su divino amor favorecidos,
              triunfando no salieron vencedores?
              ¿Por qué el ánimo, oh rey, ni la esperanza
              en tu pecho real hace mudanza?

Urías   ¿Quién dijera que Dios a una serpiente
              de sólido metal su virtud diera?
              Los profetas le llaman admirable
              y el mismo Dios es hoy, que en inmutable.

Joab   Tu capitán he sido y tu soldado,
              el tierno bozo me nació en la guerra,
              que el nombre de Joab ya es conocido
              y nunca vi tan bárbaro enemigo,
              tan horrendo furor, tan cruel castigo.

(Sale Golías por lo alto.)

Saúl   Pecados son del rey, Dios, enojado,
              a este gigante por azote envía.
              Perdona, cielo, al pueblo lastimado;
              su vida deja en paz, corta la mía.

(Tocan cajas.)

Golías   Vosotros que miráis con ojos tímidos,
con pálido semblante y débil ánimo,
de mi grande valor las fuerzas hórridas,
vosotros que pensáis con vuestro ejército
de escuadras viles y soldados míseros
resistir el valor y fuerte máquina
de aqueste cuerpo y corazón magnánimo,
decidme, ¿no os asombra la gran máquina
de un cuerpo que parece al monte líbano?
Si temblaba mi voz los montes ásperos,
y en medio la región del aire lóbrego,
vuela mi fama sobre pardas águilas;
si en medio la región salada y húmeda
del horrísono mar dioses marítimos
conocen mi valor y fuerza indómita,
enseñada a emprender cosas difíciles,
¿cómo vosotros, rústicos y bárbaros,
intentáis resistir con fuerzas bélicas?
Si alguno, no teniéndose a sí lástima,
en singular batalla fama única
quisiere conseguir, salga y atrévase.
Pruebe conmigo aquí sus fuerzas válidas,
con pacto que, si alcanza la victoria,
la guerra cesará con breve término
y volverá mi gente publicándose
vencida de Saúl; mas si el esférico
orbe del Sol, que en mí con mano pródiga
repartió su valor, fuere negándole
la victoria, será la empresa trágica
corona de mi frente invicta y célebre.
Anímese a mirar tal espectáculo
mientras consulto a mi divino oráculo.

(Vase y tocan una caja.)

Saúl
　　　　　Oprobio de Israel y menosprecio
de los varones que Judá ha tenido
ha sido este soberbio desafío.
A bárbaro rigor o monstruo fiero,
¿quién puede contrastar la fortaleza?
Amigos, capitanes, compañeros
en la común fatiga de la guerra,
Joab, Urías, Jonatás gallardo,
¿en singular batalla podrá alguno
vencer a aqueste sátrapa soberbio?
¿Quién, decidme, tendrá tan generoso
valor que se le atreva, pues publica
que si le vence el pueblo queda rico?

Jonatás
　　　　　Aunque teme al ratón el elefante,
y al gallo velador el león temido,
¿cómo quieres, señor, que este gigante
de ordinario valor esté vencido?
En Líbano, el Olimpo y el Atlante
pensara derribar el atrevido;
resistirle no pueden cien personas
que el Sol no ve su igual en cinco zonas.

Urías
　　　　　¿Cuándo se opone al mar el manso río,
y al infausto ciprés la dulce caña,
el céfiro al bochorno del estío,
el valle ameno a la áspera montaña?
Lo mismo es aceptar el desafío,
que sin seso estará quien tal hazaña
emprendiere, si ya con fin violento
honra no quiere solo del intento.

Saúl Publíquese en el campo como ofrece
Saúl su hija al ánimo famoso
que venciere al gigante, en quien padece
la fama de su reino generoso;
aquél que se atreviere bien merece
ser de la hija de Saúl su esposo.
Bastante premio doy; gloria es discreta.
Publíquelo un tambor, una trompeta.

Joab Pase de voz en voz, de mano en mano,
que la hija del rey será su gloria
del vencedor magnánimo y ufano.
A quien facilitare esta victoria
una hija el rey da.

Urías ¡Don soberano,
dádiva ilustre de inmortal memoria!
Micol tiene de ser.

Jonatás Con nombre eterno
el vencedor, señor, será tu yerno.

Saúl Dios de Abrahán e Isaac, Dios justiciero
que, servido de espíritus alados,
arrojaste al dragón soberbio y fiero
de sus hermosos cielos estrellados
el confuso rumor tan lastimero
del pueblo escucha, sordo a mis pecados.
Ya la bárbara fuerza se deshaga
de esa serpiente que tus hijos traga.

(Sale un Soldado.)

Soldado	Agora llega al real
un pastor de talle y brío
que se ofrece al desafío
de ese monstruo desigual.
Saúl	El cielo en tales efetos
a su piedad corresponde,
que en los humildes esconde
a veces Dios sus secretos.
Venga el pastor tan bizarro
que muestra tanto valor;
y no es mucho, si al pastor
y al rey formó Dios de un barro.
En el mundo a los mortales
la Naturaleza iguala
y Fortuna, buena o mala,
suele hacerlos desiguales.

(Sale David con zurrón, honda y cayado.)

David	Si en lo difícil se alcanza
del intento y el efeto
honra igual, yo me prometo
uno, dichosa esperanza.
Dame tus pies y licencia,
gran señor, para salir
contra el gigante.
Urías (Aparte.)	(A morir
entre rústica inocencia.)
Saúl	¿Qué miro? ¿No es tu garganta
la que en órgano suave
suspendió mi pena grave?

David   Sí, señor.

Saúl   Pastor, levanta.
¿Qué espíritu te socorre
contra ese mortal asombro
que pudiera sobre el hombro
tener la soberbia torre?
    ¿Quién te esfuerza, quién te anima
contra un soberbio gigante
que pudiera, como Atlante,
sustentar el cielo encima?

David   Dios me anima, Dios me esfuerza,
viendo que una bestia altiva
su mano santa derriba,
con una angélica fuerza.
    Yo, rey, entre mis ganados,
desquijarando leones
y osos de la miel ladrones
los montes tengo asombrados.
    En las pajizas cabañas
de Belén mirar pudieras
los despojos de las fieras
que bajan de esas montañas.
    No ha habido fuerte pastor
que no derribe este brazo.
Si hombres venza y despedazo
leones con tal valor,
    ¿por qué un gigante enemigo
del cielo no he de vencer?

Saúl   Mis armas te has de poner;
fuerzas de Dios traes contigo.

Jonatás	David, amigo, que al alma
	me das amor con silencio...
David	Señor, que yo reverencio...
Jonatás	De verde laurel y palma
	entres, David, coronado
	por la gran Jerusalén.
(Abrázanse.)	Favor los cielos te den.
David	En él estoy confiado.
Saúl	Arma el pecho y la cabeza.
(Sacan las armas.)	y ciñe la fuerte espada,
	que hoy ha de ver derribada
	la bárbara fortaleza.
	En tu valor y cordura
	contemplo con atención
	las fuerzas de otro Sansón.
	Deja ya la hermosura.
	De mi persona real
	armas e hija mereces,
	porque armando me pareces
	la serpiente de metal.
David	Aunque es la armadura fina,
	torpe me tiene y confuso,
	que no me ha enseñado el uso
	la militar disciplina.
	Nada este acero me anima;
	para mí no es de provecho,
	porque el ánimo del pecho
	armas no consiente encima.
	Bien me las pueden quitar;

    denme mi honda y cayado,
que con sus fuerzas y estado
el hombre se ha de ajustar.
    Violentamente procede
el que sale de su esfera.
Hombre que se considera
siempre acierta; errar no puede.
    En cayado, honda y zurrón
este vencimiento apoyo,
y en las piedras de ese arroyo
que el mundo llama Cedrón.
    A la tienda te retira,
famoso rey, y seguro,
y aqueste certamen duro
con tus capitanes mira;
    y solo me deja en tanto
que mis piedras apercibo.

Saúl	Vuelvas a mis ojos vivo; ayúdete el cielo santo.
Jonatás	David...
David	¿Qué dices, señor?
Jonatás	No sé qué fuerza divina a tenerte amor me inclina.
David (Vanse. Queda David.)	No me vences en amor. Negaron alguna gente el culto a Dios infinito, y así en ara transparente levantó un ídolo Egipto de material diferente.

     Opuesto al Dios que yo adoro
formó la cabeza de oro,
piedras preciosas y plata,
y en esta fábrica ingrata
gastó el soberbio tesoro.
   Hizo con bárbaro celo
los pies de vidrio, y después
arrojó una piedra el cielo
que, dando un golpe en los pies,
dio con su dios en el suelo.
   A este imagen semejante
es este monstruo arrogante;
la cabeza de oro tiene,
pues contra nosotros viene
con soberbia de gigante;
   y que en pies de vidrio estribe
claro está, pues que es del suelo.
Haced, mi Dios, que derribe
con piedras de este arroyuelo
la soberbia con que vive.
   Con cinco le he de vencer,
que en la redención del hombre
cinco letras han de ser
las que han de formar el nombre
que Jesús ha de tener.
   Y si de este nombre eterno
ha de templar el infierno,
piedras que son su figura
desharán la estatua dura
de oro y plata y vidrio tierno.

(Sale arriba el gigante Golías.)

Golías   Nación tímida, cobarde,

           antes que al mar importuno
           baje el Sol, dando a la tarde
           negras sombras, ¿hay alguno
           que en ese campo me aguarde?
              ¿Habrá entre vosotros hombre
           que no tiemble y no se asombre
           de aqueste cuerpo feroz,
           de mis brazos, de mi voz,
           de mis hechos, de mi nombre?

David   Monte de soberbia, trueno
           y torre de confusión,
           bárbaro de Dios ajeno,
           aquí tienes un varón
           de fuerte espíritu lleno.

Golías   Pobre que tu mal no sabes,
           llégate a mis fuerzas graves.
           [...   ]
           [...   ]
           [...   -aves].
              Armate de fuerte acero,
           que soy soberbio león;
           tú eres pastor y cordero.

David   Aquéstas mis armas son.

Golías   Ignorante estás.

David   Tú fiero.

Golías   Yo espero. ¿Qué me acobardo
           de piedras? Deja ese error.
           Ven armado; aquí te aguardo.

David	Eres lobo, yo pastor
	que a Dios sus ovejas guardo.
	Son los que en el mundo nacen
	árboles que sombras hacen,
	y el que ofende a Dios divino
	es árbol junto al camino
	que a pedradas lo deshacen.
(Tira.)	Ésta recibe en el nombre
	del venidero Mesías.
Golías	¡Que se atreva mortal hombre
	contra el gigante Golías!
	¡Que mi fama no te asombre!
David	En nombre de la doncella
	que ha de ser cándida estrella,
	madre del Sol bello y fuerte,
	ésta te tiro.

(Tira otra piedra.)

Golías	La muerte
	me diste, pastor, con ella.

(Se cae.)

David	Cayó el soberbio dragón,
	la torre de confusión;
	cayó el retrato violento
	de aquél que puso su asiento
	en las alas de aquilón.
	Hasta cortar su garganta
	prevaleceré en la honda.

(Salen Saúl, Urías y Jonatás. Vase David.)

Saúl   No hiciera violencia tanta
                    si esta máquina redonda
                    cayera.

Urías   El suceso espanta.

Saúl   Vamos, amigos, con él,
                    que ya al gigante cruel
                    David la muerte señala.

Jonatás   Cantarle pueden la gala
                    las mujeres de Israel.

(Éntranse. Queda Urías.)

Urías   De esta sin igual victoria
                    el mundo tendrá memoria;
                    la fama eterna lo alabe,
                    que nuestra parte nos cabe
                    de su fama y de su gloria.
                       Ya con su mismo cuchillo
                    corta el cuello David fuerte;
                    y el fiero rostro amarillo
                    el despojo de la muerte.
                    Ya desciende a recibillo
                       toda la gente que se halla
                    a vista de la batalla.
                    [...   ]
                    [...   ]
                    [...   -alla].
                       De la gran Jerusalén

                        salen las damas también
                        con músicos instrumentos.
                        Lógrense tus pensamientos;
                        todo te suceda bien.
                           Alegre viene, triunfando,
                        junto al rey. Será su yerno.
                        Fortuna va levantando
                        de David el nombre eterno;
                        la gala le van cantando.

(Salen los músicos cantando y los demás en orden.)

Músicos   Saúl ha vencido a mil
                        y diez mil venció David.
                        Al gigante no vencido,
                        soberbio como gentil,
                        David ha cortado el cuello
                        que ufano pensó vivir.
                        Los hombre y las mujeres
                        le salgan a recibir,
                        y con dulces cantinelas
                        su nombre alaben así:
                        Saúl ha vencido a mil
                        y David venció a diez mil.

Saúl   Si estas canciones le cantan,
                        vulgo novelero y vil,
                        ¿qué falta sino quitarme
                        la corona real a mí?
                        De envidia me estoy muriendo.
                        ¿Quién pudo jamás oír
                        alabanzas tan dichosas?
                        Ya no lo puedo sufrir.

Músicos	Tejan las damas guirnaldas
	de laurel y de jazmín;
	cubran el suelo que pisa
	de murta y de toronjil;
	de sus tocadas se quiten
	el amatista y el rubí,
	y a David le ofrezcan dones
	cantando y diciendo así:
	Saúl ha vencido a mil,
	y David venció a cien mil.
Saúl	Creciendo va su alabanza.
	Hoy verá su gloria y fin;
	mataréle, ¡por los cielos
	de cristal y zafir!
David	Hermosa Micol, ya puedo
	contemplar despacio en ti
	la peregrina hermosura
	de quien cautivo me vi.

(Vanse entrando y cantan los músicos.)

Músicos	Saúl ha vencido a mil
	y David mató a cien mil

Fin de la primera jornada

Jornada segunda

(Salen Micol y Ana, criada.)

Micol	En efecto, ¿es pastor quien al gigante ha vencido?
Ana	Mostró singular valor.

Micol	Mi inclinación ha traído
	en competencias Amor.
	  Oyendo una voz divina,
	cobré afición peregrina
	a un pastor que Sol me llama;
	y, oyendo de éste la fama,
	Amor con ella me inclina.
	  ¡Mira, qué ciegos errores!

Ana	Digo que son tus amores... mas dije, amores andados... de linaje de ganados que anda en poder de pastores.
Micol	¿El nombre del que venció acaso te ha dicho alguno?
Ana	Pienso, señora, que no; mas, ¡si fuesen ambos uno?
Micol	No soy tan dichosa yo.
Ana	Una hija ha prometido a este pastor que ha vencido el rey.

Micol	Amor me acobarda.
Ana	Y capitán de la guarda es ya.
Micol	Bien lo ha merecido.
Ana	Jonatás sale acá fuera; retírate.
Micol	¡Quien supiera el nombre de este serrano!

(Salen Jonatás y David.)

Jonatás	El vestido cortesano te está bien.
David	Si tuyo era, ¿cómo puede estarme mal?
Jonatás	Miro en tu fisonomía, David, aspecto real; si fueses rey, yo sería, pues soy tu amigo, tu igual.
David	Si el reino te está guardado, yo debe ser tu criado.
Jonatás	Si te miro, me suspendo, y el alma me está diciendo que has de verte en alto estado.

Micol (Aparte.)	(Amor, ¿qué es esto? Yo creo
que imágenes son y antojos
formados de mi deseo,
o son espejos mis ojos
en que mi propia alma veo.
Éste es sin duda el que espanta
al mundo y quien la garganta
cortó del gigante ya,
y éste mismo es quien me da
gloria y pena cuando canta.
Loco de placer estoy;
mi alma siento lozana.)
Jonatás	David, pues tu amigo soy,
y el rey te ofreció a mi hermana,
a suplicárselo voy
de tu parte.
David	Si me obligas
con acciones tan amigas,
hacerme tu esclavo intentas.
Jonatás	Amor manda que lo sientas,
pero que no me lo digas.
David	Soy tu imán, tú eres mi polo.
Jonatás	Deja razones sutiles.
(Vase Jonatás.)	
Ana	Ya tu pastor queda solo.
Micol	Si le vieran los gentiles,

	pensaran que era su Apolo.
Ana	Gallardo es su talle, a fe; merece que el rey le dé en su casa un grande cargo.
Micol	Si a mostrarle amor me alargo, hazme señas.
Ana	Toseré.
Micol	¿Sois acaso el vencedor de los gigantes?
David (Aparte.)	(Amor, pues que me diste ventura para ver esta hermosura, dame tu aliento y favor.) Señora, entre mis trofeos más fuerte y dichoso fuera, si venciendo filisteos, mis enemigos venciera.
Micol	¿Y cuáles son?

David	Mis deseos,
	   pensamientos arrogantes,
	al que maté semejantes
	a sentir en mí comienzo,
	y en tanto que estos no venzo,
	yo no he vencido gigantes.
	   Creciendo van cada día
	con el alma en la memoria,
	que los engendra y los cría

	un casto amor en la gloria que vuestro cielo me envía.
Ana	No respondas a eso, calla.
Micol	Es el vencer mucha gloria.
David	Si eso es gloria, es vos se halla.
Micol	¿Cómo?

David	Porque es la victoria
	el precio de la batalla.
	   Para verse coronado
	suele embestir el soldado
	como furiosa leona,
	y así es el premio y corona
	que en la victoria le ha dado.
	   Por ganar vuestro favor
	mató al gigante la diestra
	de este músico pastor,
	y así la victoria es vuestra
	aunque he sido el vencedor.

Micol	Ninguna parte me dio el cielo en esta victoria.

(Póngase a los pies Ana para toser.)

David	Tenéis más parte que yo, porque en efecto es más gloria el vencer a quien venció.

(Tose Ana.)

Micol	¿Hablé palabra yo agora?
	¿Para qué toses?
Ana	Señora,
	la mujer que escucha amores
	cerca está de dar favores.
Micol	Con modestias enamora.
	No es escucharle favor.
	¿Cómo vos, siendo un serrano,
	habláis y sentís mejor
	que el discreto cortesano?
David	Mueve mi lengua el Amor.

(Tose Ana.)

Micol	Pues, ¿qué he dicho?
Ana	Es la alabanza
	indicio de ser querido,
	y suele dar esperanza.
Micol	Mas esta vez has tosido,
	porque ésta es buena crianza.
	¿Amor vuestra lengua mueve?
David	Todo a su poder se debe,
	que con dulce amor suave
	el hombre bárbaro sabe
	y el que es tímido se atreve.
Micol	Pues ciencia y atrevimiento

Ana	del Amor el hombre alcanza, decid vuestro pensamiento. ¿Y aqueso es buena crianza?
Micol	Yo lo enmendaré al momento. 　El pensamiento decid a mi padre porque os den el premio de vuestra lid. ¿Enmendélo bien?
Ana	Muy bien.
David	Y si se atreve David 　sin primero conquistar vuestro gusto, ¿no es errar la atrevida pretensión?
Micol	Igual es la inclinación.
Ana	¿Y eso se podrá enmendar?
David (Aparte.)	(Prendas me ha dado y señales de inclinaciones iguales. ¡Animo, altivo deseo!) Como en esos ojos veo las esferas celestiales, 　busco la estrella divina que tanta hermosura inclina a cortos merecimientos.
Micol	Siendo vuestros pensamientos como mi amor imagina, 　fuerza de méritos fue,

	no de estrellas; y jueces
	los mismos ojos haré.
Ana	Si he de toser tantas veces,
	con asma pareceré.
	Aunque ya no hay que avisar,
	todo el corazón mostraste.
Micol	No sabe el Amor callar.
David	Tu merced inmensa baste,
	que no la sabré gozar.
Micol (Aparte.)	(Darle quisiera esta banda
	pero la razón me manda
	que más a mi honor acuda.
	De esta suerte estará en duda;
	si la doy, en puntos anda
	mi amor de no ser modesto.)
	David, pues el cielo os dio
	discreción y amor honesto...

(Deja caer la banda.)

David	Esta banda se os cayó.
Micol	Hablad a mi padre en esto.
	Ya sabéis que tengo hermana
	y de la victoria ufana
	vuestro premio podrá ser;
	y así podéis escoger
	otra luz más soberana.
David (Aparte.)	(Así sabré si la dio.)

Micol	Esta banda se os cayó. Y también debéis notar que ha sido galantear todo aquesto, y amor no; porque tengo exento el cuello de las licenciosas llamas del Amor tirano y bello...
David	¿No la tomáis?
Micol	...que las damas tratan de amor sin tenello.
David	Ésta es vuestra.
Micol	Y si otro día veros pudiere, os veré con la misma cortesía.

(Vase Micol.)

David	Pues no la quiso y se fue,
	favor es. La banda es mía.
	  Fortuna, el cielo, el amor
	hoy levantan un pastor
	a la esfera de la Luna;
	mas, ¿qué amor, cielo o fortuna
	sino mi eterno criador?
	  Gracias te doy infinitas,
	Santo Dios, por mi victoria.

(Salen Saúl y Jonatás.)

Saúl (Aparte.)   (Envidia y rabia vomitas

en mis ojos con la gloria
que por un pesar me quitas.
   Todo el pueblo le bendice,
y a las hazañas que hice
las de David adelanta:
dulces canciones le canta;
mil alabanza le dice.
   Su fama será homicida,
pues, sin razón y sin ley
le pienso quitar la vida.)

David   Si es la palabra del rey
ley, una vez prometida,
   señor, a Micol me da,
pues que pacto tuyo fue.
Nobleza en mí se hallará.
Hijos soy del gran Jesé
y del tribu de Judá.
   Si me cumples mis deseos,
traeré doscientas cabezas
de soberbios filisteos.
Despojaré las riquezas
de sus bárbaros trofeos.
   Navegaré el mar profundo
por el oro sin segundo
del cabello de Micol.
Émulo seré del Sol
y daré vueltas al mundo.
   Traeré a tus puertas rendido
al león tan presumido
que en los ásperos desiertos
duerme, los ojos abiertos,
por no parecer vencido.
   De incultos montes ufanos

>   osos te traeré sin cuenta
>   que miel hurtan los veranos,
>   y el invierno los sustenta
>   solo el humor de sus manos.
>   Si me cumples mi deseo,
>   seré tu músico, y creo
>   que no me podrá igualar
>   Arión en medio del mar
>   ni en los infiernos Orfeo.
>   Versos haré donde sean
>   tus hazañas soberanas
>   perpetuas como desean
>   y en las memorias humanas
>   se celebren y se lean.

Saúl	Jonatás.
Jonatás	¿Señor?
Saúl	Muy corta será su gloria y funesta; mátale luego, que importa.
David	¿Qué respondes?
Saúl	La respuesta dará Jonatás.

(Vase Saúl.)

David	Bien corta la dejas; mucho recelo que no son mercedes largas.

Jonatás (Aparte.)	(En tan triste desconsuelo, salid, lágrimas amargas, pidiendo piedad al cielo.)
David	Si el rey me deja contigo, que seré dichoso digo. Amigo, si en este nombre todo su amor muestra el hombre, mira que te llamo amigo. ¿Qué dice el rey? ¿Por qué esconde tu rostro los ojos, donde pudiera ver el suceso? Mas, ¡ay, Jonatás!, con eso me dices lo que responde. No te entristezcas y penes; que si el rey no quiere darme hija, riquezas ni bienes, no puede al menos quitarme el mucho amor que me tienes. Con él viviré contento.
Jonatás	¡Ay David! Mayor tormento es el que debes tener, y así te he querido hacer la salva en el sentimiento; primero sentirle quiero porque llegue más templado a tu alma.
David	Considero que le sentiré doblado si tú le sientes primero. No des lágrimas, despojos del alma; empieza a contar

	rigor, tormento y enojos, que ya los quiero llorar porque descansen tus ojos.
Jonatás (Aparte.)	(Lleno de envidia y crueldad manda el rey que David muera, pero en la futura edad será mi fe verdadera ejemplo de la amistad. La paternal reverencia no tiene fuerza de ley, que el cielo me da licencia para que al padre y al rey pueda negar la obediencia.) Como la gala te canta el pueblo, teme y se espanta, y ser me mandó traidor que quiso hacer a mi amor cuchillo de tu garganta. Huye, que el peligro es fuerte.
David	¡Ay, mi Jonatás! Advierte qué breve, qué transitoria es de este mundo la gloria: juntas andan vida y muerte, gloria y pena, vencimiento victoria, gusto y tormento. Hoy vencí los filisteos; hoy levanté mis deseos; hoy soy nada en un momento. ¿Cómo procura la gente honra, con el desengaño de que pasa velozmente? Era símbolo del año

                una enroscada serpiente,
                  y es imagen, si se advierte,
                a la vida parecida,
                porque toca de esta suerte
                la cabeza, que es la vida,
                en la cola, que es la muerte.
                  En un círculo, en esfera,
                anda, si se considera,
                el hombre: llorando nace,
                honras busca y reinos hace,
                y al fina vuelve a ser lo que era.
                  Jonatás, ¿qué me aconsejas?

Jonatás   Ningún discurso me dejas
                con tu suerte desdichada,
                que tengo el alma ocupada
                de tus desdichas y quejas.
                  Escóndete en mi aposento;
                huye del rey la presencia.

David   Si Dios no rige su intento,
                su rigor y su sentencia
                serán humo, serán viento.

(Vase David. Salen Saúl y Urías, capitán, Micol y Joab.)

Saúl   Demonios, yo soy origen
                de las penas que os corrigen.
                ¿Qué buscáis?

(Saca una lanza.)

Jonatás   ¿Qué es esto, Urías?

Urías	Las locas, melancolías
que al alma del rey afligen,
aquel espíritu malo
que suele darle tormento
en medio de su regalo.
Saúl	Demonios, ¿qué es vuestro intento,
si en la soberbia os regalo?
Región de espíritus llena,
no soy yo quien te condena
que me afliges con recelos.
Hagamos guerra a los cielos,
pues todos tenemos pena.
¿Queréis que con esta lanza
vuelva a edificar la torre
de la soberbia venganza?
Como Dios no me socorre
peno yo sin esperanza.
Tormento inmenso me dan
estos hijos de Datán.
Si cielos y estrellas piso,
me comeré el paraíso
y me tragaré el Jordán.
Déjenme todos y estén
llorando mi mal si crece.
No vibro esta lanza bien
porque más gloria merece
un serrano de Belén.
Jonatás	Señor, ¿quieres que te cante
David y el demonio espante
que te atormenta?
Saúl	Pues, di,

	¿vivo le has dejado?
Jonatás	Sí.
Saúl	Y el que mató aquel gigante,
	¿no me puede a mí matar?
Jonatás	No, que es mucha su virtud.
Saúl	Véngame luego a cantar,
	que su arpa es la salud
	que mi mal ha de templar.
(Vase Jonatás.)	¿Cómo el cielo me dejó
	tan breves los intervalos
	del mal, si mi alma cayó
	con los espíritus malos,
	oponiéndome a Dios yo?
	En las esferas más bellas
	de la gloria de Dios sola
	ángel fui, y dragón fui en ellas
	pues derribé con la cola
	tres partes de las estrellas.

(Salen Jonatás y David.)

Jonatás	David, a mi padre ofende
	el espíritu que enciende
	su alma en fuego sin quietud.
	No mires su ingratitud;
	su gran tormento suspende.
	Con esa arpa, figura
	de algún misterio secreto,
	pues puede tanto, procura
	templar el rigor y efeto
	de su tormento y locura.

David	¿Quieres que le cante aquí?
Jonatás	Mejor será retirado
y estarás seguro así;
que estando el rey enojado,
tengo recelo de ti.

(Vase David.)

Saúl	Digo que el cielo es cruel
en la justicia que ha hecho
con este rey de Israel,
pues se han entrado en mi pecho
los que no caben en él.
Los ojos tengo encendidos
de rabia contra el eterno
hacedor de mis sentidos,
pues hace mi pecho infierno
de los ángeles caídos.

(Canta dentro un Músico.)

Músico	Como el árbol que plantado
está entre cenefas verdes
de algún caudaloso río
y su fruto a tiempo ofrece,
así es el hombre dichoso
que, contemplando en su muerte,
teme a los cielos divinos
y vive templadamente;
que quien al cielo teme
ciertas señales de su gloria tiene.

Saúl	Deja esa divina voz mis espíritus alegres. Las cuerdas de este instrumento voces del cielo parecen; entre su dulce armonía mi tormento se suspende.
Micol (Aparte.)	(Y a mí me mata de amor.)
Saúl	Cante más, que me divierte.
Músico	Recuerde el alma dormida; avive el seso y despierte; porque la vida se pasa como las aguas corrientes. Minutos son sus edades; sus glorias son horas breves; sueños son sus pasatiempos; marchitas flores sus bienes; que quien al cielo teme, ciertas señas de su gloria tiene.
Saúl	Con la salud que me da, mi envidia y cólera crecen; sanar tengo de la envidia aunque me mal me atormente. ¡Tras de tantas alabanzas, daránle el reino las gentes! Mas no darán; como agora con aquésta le atraviese. Recibe allá aquesta lanza, músico que me entretienes el alma con gloria y pena.

(Tírasela.)

Jonatás		Señor, espera, detente.
(Aparte.)		(¡Ay, amigo de mi vida!)

Micol (Aparte.)		(¡Ay, dulce dueño que tienes
			las llaves de mi albedrío!)
			¿Matóle?

Urías			No, velozmente
			huyó del golpe David,
			y clavada en las paredes
			quedó vibrando la lanza.

Saúl			¿Que no le alcanza la muerte?
			Su fortuna es milagrosa!
			Competir conmigo puede;
			mucho temo este serrano.

Jonatás			El dijo, y discretamente,
			que quien al cielo teme,
			ciertas señales de su gloria tiene.
(De rodillas.)		Señor, de tu ingratitud
			podrá admirarse la gente;
			esa cólera reprime;
			basta que a Micol le niegues.
			¿Por qué le quieres matar
			y quitar del reino quieres
			el hombre más esforzado
			y el corazón más valiente?

(De rodillas.)

Urías			Famoso rey, considera

          que su música detiene
          tu grave mal, y su brazo
          nuestros enemigos vence.
          Razón será, gran señor,
          que esa cólera refrenes,
          y no le des a David
          la muerte que no merece.

(De rodillas.)

Micol   Si son, señoras, poderosas
          retóricas de mujeres
          para persuadir a tiempo
          la voluntad de los reyes,
          mira que es David humilde,
          benigno, manso y pretende
          servir y amar tu persona
          en acciones diferentes.
          Si en los ejércitos mata
          y en tu palacio suspende,
          con su arpa y con su lanza,
          dos enemigos tan fuertes,
          no quieras nombre de ingrato,
          ni a quien tu vida promete
          le busques la muerte indigna.
          Oye a Dios, que dice siempre
          que quien al cielo teme,
          ciertas señales de su gloria tiene.

Saúl (Aparte.)   (Como mi mal es envidia,
          más con estos ruegos crece,
          porque le alaban, pidiendo
          que vivo y en paz le deje.)
          ¿Qué es lo que queréis?

Todos	Su vida.
Saúl	¿Qué es lo que teméis?
Todos	Su muerte.
Saúl (Aparte.)	(Ésa tendrá de otro modo.) Levantad, ya se os concede.
Jonatás	Vivas en paz largos siglos.
Saúl	Honrarle quiero de suerte que hoy tiene de ser mi yerno.
Micol	Aquí es bien que el alma tiemble. ¿Si seré yo la dichosa? ¿Si será mi hermana?
Urías	Debes a tu palabra el hacerlo.
Saúl	Tráele, Jonatás.
Jonatás	Alegre voy a buscarle.

(Vase Jonatás.)

Micol (Aparte.)	(Confusa el rey mi padre me tiene. No ha dicho con quién le casa, pero es estar yo presente hace mucho en mi favor.

                ¡Dichosa, si así sucede!)

Saúl (Aparte.)   (Su tálamo será tumba.
                Entre las bodas alegres
                le cogerá descuidado
                la muerte que le previene
                mi envidia.)

(Salen Jonatás y David.)

David   Decir podemos
                que juego y burla parecen
                los sucesos de este mundo.
                Solo el cielo los entiende.

Jonatás   Parece, David, tu historia
                un libro de vanas suertes:
                blanca una hoja se halla
                cuando otra negra se vuelve.
                Llega.

David   Postrado a tus pies
                está aquél que no se atreve
                a besarlos sin licencia.

Saúl   Por estos brazos se truequen.
                Levanta, y dale tu mano
                a Micol, que bien merece
                ser yerno de un rey el hombre
                que tales gigantes vence.

David   Lleno de gloria me dejas;
                tus pies besaré mil veces.
                Vivas más que aquellos padres

                        de quien los tribus descienden.
                        Hermosa Micol, perdona,
                        que te pido indignamente
                        la mano.

Micol   Al rey obedezco.

Jonatás   Dos siglos viváis alegres.

David   ¿Quién dijera, no ha un momento,
                        Micol divina, que excedes
                        al Sol, tan dulce suceso?

Micol   ¡David, que tanto me quieres!

(Danse las manos Micol y David y vanse Saúl y Jonatás.)

David   Si la hermosura de tus ojos veo,
                        Argos holgara ser, porque creciera
                        la gloria de mirarte; que tuviera
                        la vida de las fábulas de Anteo.
                           Las lenguas de Babel tener deseo
                        para alabarte más, y ser quisiera
                        la trompa de la fama bachillera;
                        mi Eurídice será, yo tu Orfeo.
                           [...]
                        [...]
                        [...]
                           [...]
                        [...]
                        [...]

(Vanse. Salen Jesé, Lisardo y Velanio, pastores.)

Velanio	Jesé famoso, las veces que tus ganados visitas, parece que a nuestros campos el alba presta su risa. Reconociendo a su dueño, crecen y multiplican los rebaños, que en las faldas del verde Líbano miras; y si el campo y los ganados reciben esta alegría, ¡Qué gloria habrá en los pastores que a su dueño comunican!
Lisardo	Con la ausencia de David, en tristes melancolías campo, ganado y zagales su sentimiento publican; mas ya que de sus victorias las repúblicas se admiran, y tú nos ves, decir puedo que las lágrimas no quitas. Si acaso estás del camino cansado, las sombras frías de estos árboles y peñas a sueño y ocio convidan. Goza del sitio apacible que el rumor del agua brinda a beber de sus cristales y a dormir en sus orillas, y en tanto que tú descansas o del sueño son vencidas esas luces de tus ojos, una rústica comida prevendremos, cuyo postre

será de una tosca lira
la música, a cuyas voces
Velanio dirá poesías.
No será la voz suave
de David que detenía
las corrientes de las aguas
con voz y arpa divina.
Sus versos sacerdotales
llenos de sentencias ricas
de voces ricas y ocultas
y de faces peregrinas,
claro está que han de exceder
los versos de un romancista
como Velanio, poeta
del vulgo de nuestra villa.
Aunque aquí nos amenaza,
¡miren qué Apolo!, que un día
tiene de colgar la pluma;
hacerlo será justicia
para que muera ahorcada
pluma tan necia, y no escriba
cosas que necios alaben
y los hombres sabios rían.
Mas, al fin, te podrán dar,
no admiración, pero risa
y verás de nuestras almas
una voluntad sencilla.

Jesé   Todo lo acepto, Lisardo.
En estas palmas sombrías,
que a mover sus largas hojas
blando al céfiro porfía,
ofreceré al dulce sueño
los ojos que solicita.

(Vanse los pastores.)
y en tanto traeréis vosotros
pan reciente y natas limpias.
Inmenso Dios de Israel,
que entre aladas jerarquías
de espíritus, mensajeros
de vuestra corte divina,
estáis gobernando el mundo,
si ha de ser para que os sirve
la privanza de David,
su padre os le sacrifica.
Siga la corte y la guerra;
vuestros ejércitos siga;
pero si no ha de serviros,
vuelva a sus selvas antiguas.
De los amigos de corte,
como sombras fugitivas,
que desvanecen, si llega
la noche de las desdichas,
de las mercedes reales,
que los linces de la envidia
están siempre murmurando,
vuelva a sus selvas antiguas.
De las máquinas confusas
y pretensiones prolijas,
donde se anegan al hombre
o la paciencia o la vida;
de la envidiada privanza,
vana y loca, pues confía
en la voluntad del hombre,
vuelva a sus selvas antiguas.

(Sale un Ángel.)

Ángel   Jesé, hijos de Abrahán,

	si el alma casi divina
	ociosa no está en el sueño,
	escucha mis profecías.
Jesé	Ángel de Dios, yo te escucho.
Ángel	Al esperado Mesías
	llamarán flor de Jesé.
Jesé	¿Luego será de mi línea?
Ángel	Tú eres el tronco del árbol
	cuyas ramas peregrinas
	darán la divina flor.
Jesé	¡Oh, quién lo viera!
Ángel	Oye y mira:
	Éste que tiene su frente
	de una corona ceñida
	y una arpa que es figura
	de la cruz sagrada y rica
	bien conoces que es tu hijo.
	Rey ha de ser en tus días
	que Dios le tiene guardadas
	victorias casi infinitas.
	En esta mujer hermosa,
	esposa que es hoy de Urías
	tendrá el hijo que la sigue,
	rico de oro y piedra fina.
	Es Salomón, y su ciencia
	dará al mundo maravilla
	y a Dios un templo famoso
	de una fábrica no vista.
	El siguiente es Roboán

y en su tiempo divididas
serán las tribus, y el reino
dividirá su justicia.
Éste del arco y la flecha
es Josafá —significa
juicio de Dios—; será
de vanas idolotrías
gran perseguidor, temido
de Arabia y de Palestina.
Es el de la jerga tosca
el santo Rey Ezequías
—que es fortaleza de Dios—,
temido del rey de Asiria;
abrirá el templo cerrado
tornando a las ara pías
los debidos sacrificios
de los devotos levitas.
Es el que le sigue y tiene
la cana barba crecida
por larga edad, Manasés
que el olvido significa,
mancebo será vicioso
y en sus postrimeros días
hará la gran penitencia
que muestra su disciplina.
Y el siguiente, que en la mano
un ramo lleva de oliva,
señal de paz y victoria
es el celoso Josías
—fuego del Señor se dice—
desde su edad primitiva
derribará las estatuas
de las deidades fingidas.
El de la cadena al cuello

es el triste Jeconías
que en Babilonia ha de ver
su persona real cautiva.
Hasta aqueste cautiverio
habrá de tu recta línea
catorce reyes, después
catorce duques y guías
del pueblo. Y éste que pasa
Jacob es, que al cielo mira
llamando la redención
por quien los padres suspiran.
Josef es éste, su hijo,
cuya alma cándida y limpia
tendrá virgen santidad
y humildad jamás oída;
padre será putativo
del soberano Mesías,
esposo y deudo de aquella
madre del Sol de justicia.
Ana es ésta que se sigue,
y su santidad daría
envidia al ángel más santo
si en ellos cupiera envidia.
Abuela será de Dios,
alba rosada y divina,
madre del virgen lucero,
y como el Sol, escogida.
Este niño penitente
que lleva la santa insignia
del cordero y le señala
con el dedo, es el Bautista;
precursor será de Cristo,
alba y lucero del día,
primo suyo, aunque otro tribu

                        dará al padre, Zacarías.
                        Éste que el Sol reverencia
                        y a sus bellos pies se inclina
                        la Luna, y el cielo sirve
                        de manto que la cobija,
                        es el cedro levantado,
                        ciprés, huerto, fuente viva,
                        estrella del mar y palma,
                        vara de José y María.
                        La flor de Jesé a su lado
                        lleva su báculo encima
                        y la llave con que el cielo
                        abrirá por sus heridas
                        Ésta es, Jesé venturoso,
                        la descendencia divina,
                        y el árbol cuyas raíces
                        son tu honestidad y vida.

(Vase el Ángel.)

Jesé   Divino espíritu, espera.
                        Dichoso el hombre sería
                        que con los ojos del cuerpo
                        viese cosas tan divinas.
                        ¡Válgame el cielo! ¡Qué sueños,
                        qué divinas fantasías,
                        qué celestiales visiones
                        ha tenido el alma mía!
                        Lleno de gloria me siento;
                        el alma me profetiza
                        perpetuo gusto; en el pecho
                        hallo nuevas alegrías.
                        Santo Dios, santo inmortal
                        los querubines os digan.

Gran Señor, bendiga el hombre
vuestras sombras peregrinas.
Ocio, sueño ni descanso,
sombras, aguas y comida
esperar no quiero. Adiós,
selvas sagradas y ricas,
a morir iré contento
pues que una pintura viva
de aquel siglo venturoso
Dios me ha mostrado en mis días.

(Vase Jesé. Salen David y Micol.)

David
    Agora diré mejor
que te quiero, pues poseo
tu peregrino valor;
el primero fue deseo
y éste de agora es amor.
    Amo siempre, no faltando
amor durmiendo o velando,
que como el alma hermosa
en el sueño no está ociosa,
durmiendo te estoy amando.

Micol
    Si amas despierto y dormido,
el sueño imagen ha sido
de la muerte de su dueño;
claro está que amor en sueño
es imagen del olvido.
    Es amor desordenado
el que en sueño ha de pasar
y así Micol más ha amado,
que no duerme por amar
con amor más conservado.

(Sale Ana, criada.)

Ana   ¡Señora, señora! ¡Apriesa,
                esconde a David!

Micol   ¿Por qué?

Ana   Porque aquí viene el rey.

Micol   Cesa,
                que ya nos dices a qué,
                si al rey de mi bien le pesa.

Ana   Con armada gente viene.

Micol   Mi esposo, matarte tiene,
                si no te escondes o vas.

David (Aparte.) (Fortuna, ¿no me dirás
                quién te mueve o te detiene?
                   Gustos me das con enojos
                cual niño tierno que aprisa
                tiene diversos antojos:
                a un tiempo, en la boca risa
                y lágrimas en los ojos.
                   Sol de invierno me pareces:
                sales tarde, aprisa subes,
                y cuando más resplandeces,
                entre celajes de nubes
                tus rayos, desapareces.
                   Comedia son tus verdades:
                entran y salen figuras
                haciendo más novedades

             en dos horas mal seguras
             que el mundo en sus tres edades.)
                Hermosa Micol, licencia
             no te pido, ni te abrazo,
             que quiero en esta violencia
             morir más en tu regazo,
             que no morir en tu ausencia.
                Si es muerte la ausencia mía,
             muera yo en tu compañía
             porque, mi cuerpo deshecho,
             puedas mirar en mi pecho
             el mucho amor que tenía.

Micol   Pon encima de mi cama
             un bulto de los vestidos
             de David.

(Vase Ana.)

David   ¿Por qué?

Micol   Quien ama
             tiene vivos los sentidos.
             ¡Ay, mi bien, la gente llama!
                Por esa pared desciende
             del jardín, y desde aquí
             podré ayudarte; defiende
             la dulce vida, que así
             amo yo y el rey ofende.
                Mi alma va en tu compañía,
             que, como suele causar
             olvido la ausencia impía,
             si tu alma quiere olvidar,
             no la dejará la mía.

	Desciende aprisa, señor.
David	¿Quién te da fuerzas?
Micol	Amor. ¿Te acordarás?
David	No.
Micol	¿Por qué?
David	Porque nunca olvidaré.
Micol	Luego, ¿fe tendrás?
David	Mayor.
Micol	¿Y la ausencia?
David	No es ausencia si hay amor.
Micol	¿Qué amor?
David	Inmenso.
Micol	¿Es mi igual?
David	Con tu licencia diré mayor.
Micol	¿Cuánto?
David	Pienso

                    que no tiene competencia.

Micol   Tenme amor.

David   ¿Cómo?

Micol   Presente.

David   Veráslo.

Micol   ¿En qué?

David   En mi cuidado.

Micol   Vete y queda.

David   Queda y vente.

Micol   Adiós, David desdichado.

David   Adiós, mi divina ausente.

(Vase David y sale un Soldado.)

Soldado 1   ¿Dónde está David?

Micol   Entiendo,
                  soldados, que está durmiendo.
                  Desde aquí le podéis ver.
(Aparte.)   (Yo les quiero entretener
                  que así no le irán siguiendo.)
                     En la cama está acostado;
                  dejadle dormir, que creo
                  que está enfermo y desvelado.

Soldado I (Aparte.) (Dice bien, allí le veo.)
La cama ha de ser sagrado;
  que se deben respetar
de Micol, el lecho y salas.

Micol (Miedo, fama, tiempo y mar,
prestadle todas las alas
para que pueda volar;
  pero déselas mi amor,
que las tiene bien crecidas.
Huye, David, vencedor,
que a su tiempo las huidas
son la victoria mayor.
  Si te mostraron los cielos
de algún muerto la visión,
huye sin tener recelos;
que será mi corazón
muerto de amor y de celos.
  Si te sintieres llamar
a las espaldas, procura
no temer, sino pasar
porque será mi ventura
que no te puede alcanzar.
  Si, cuando corriendo vas,
delante fuere un gigante,
huye sin temer jamás,
que es mi amor que va delante
porque al tuyo deja atrás.
  Viéndote, mi bien, partir,
suspirar quiero y gemir,
para que pueda mi aliento
añadir fuerzas al viento
con que te ayude a huir.)

(Sale el rey Saúl.)

Saúl ¿Habéisle muerto?

Soldado I Señor,
durmiendo está, y esperamos
que vengas.

Saúl Muera el traidor
en su misma cama.

Soldado II Vamos
a ejecutar su rigor.

(Entran los soldados.)

Micol Señor, ¿para qué procuras
borrar así los matices
que pusiste en tus pinturas?
A ti mismo te desdices,
si deshaces tus hechuras.
   En deshacer lo que has hecho
decir que hacer no supiste,
y así es culpado tu pecho
en deshacer los que hiciste,
o en hacer lo que has deshecho.

(Salen los soldados.)

Soldado I Burlado estás.

Saúl ¿Cómo?

Soldado II   Un bulto,
una estatua de un vestido
es, y David está oculto.

Saúl   Por ese jardín se ha ido.
¿Cómo viva no sepulto
  hija tan mala?

Micol   Señor,
es mi esposo, tengo amor;
vivo, en él guardo mi vida.

Saúl   ¡Que el cielo santo me impida
la muerte de este pastor!

(Sale Jonatás.)

Jonatás   Con más soberbios trofeos
te procuran defender
esta vez los filisteos.

Saúl   ¿Qué me puede suceder
si no logro mis deseos?

Jonatás   ¡Armas, señor! ¡Armas! ¡Guerra!
Que entra talando tu tierra
el contrario pertinaz.

Saúl   Mal tendrá segura paz
quien sus soldados destierra.

(Vanse y salen el Rey de los filisteos y algunos soldados con él.)

Rey   Agora que la trompa y caja incita

	al gran amalaquita y filisteo,
	y las montañas veo levantadas
	de quien están cercadas las ciudades,
	a cuyas majestades no se atreven
	los bárbaros que deben sujetarlas,
	yo pienso derribarlas por el suelo,
	si el intrépido celo de mi pecho
	de tu valor se viere satisfecho.
Soldado I	La gran Jerusalén y Palestina
	hallarán su ruina lastimada
	en la ocasión primera, porque espero
	de Golías el fiero la venganza.
	Anime mi esperanza a tu deseo,
	que al grande filisteo, a quien mataron
	los mismos que temblaron su grandeza,
	del mismo rey ofrezco la cabeza.
Rey	Ejército copioso, bravo y fuerte,
	de aquesta misma suerte habrá ya entrado
	al reino deseado que ha regido
	Saúl el atrevido, y si consiente
	el cielo que la gente marche junta,
	la grandeza difunta del gigante
	restauraré arrogante, y a sus huesos
	por túmulos daré dos montes de ésos.
Soldado I	La soberbia cabeza de tu primo
	a restaurar me animo, rey famoso,
	y en túmulo pomposo de oro fino,
	robado el palestino en esta guerra,
	en tu dichosa tierra sepultada
	se verá levantada al Sol que admira,
	y en la funesta pira y ara negras

                la venganza verás con que te alegras.

Soldado II   Rey famoso amalaquita,
                por el ejército altivo,
                al parecer fugitivo,
                pasa un mancebo israelita.
                   Viéndole, afirmó un soldado
                que es el fuerte vencedor
                de tu primo.

Rey   Y fuera error
                no prenderle.

Soldado II   Ya está atado.

(Vase.)

Rey   Traedle.

Soldado I   Si él dio la muerte
                a Golías el famoso
                en tu ejército famoso
                sucederá feliz suerte.
                   Los altivos filisteos
                están ya por la otra parte
                con ánimo de vengarte;
                no tendrán tales trofeos.

(Sale David, atadas las manos.)

David (Aparte.)   (Salen del mar en dilatados ríos
                las aguas, y una vez con paso lento,
                haciéndonos dudoso el movimiento,
                bañan los prados y árboles sombríos;

	ahora cobrando caudalosos bríos
y en alas de cristal curso violento,
émulos del humano pensamiento,
del mar tornan a ver los peces fríos.
De tierra nace el hombre y de esta suerte
a pasos mide el mundo peregrino,
ya con bien, ya con mal, ya en paz, ya en guerra.
¿De qué me sirvió, pues, el huir la muerte
si al fin el hombre por cualquier camino,
volver tiene a su centro que es la tierra?)
Soldado II	Éste es, rey, el fugitivo.
David (Aparte.)	(Mi muerte es cierta sin duda
si la industria no me ayuda.)
Soldado II	Aquí le tienes cautivo.
Sin duda es el vencedor
del magnánimo gigante.
Rey	¿Quién eres?
David	Un caminante
que va siguiendo el amor.
Soy un hombre, y no soy poco,
que un asno pudiera ser
y también una mujer.
Soldado I	Parece que este hombre es loco.
David	Soy un hombre con dos pies;
de mi Dios soy el efeto;
soy un animal discreto;
soy un árbol al revés.

Rey	¿De dónde vienes?
David	De dónde vengo, de dónde vendré, Dios lo sabe, no lo sé.
Soldado I	Como loco te responde.
Rey	¿A dónde vas?
David	Claro está que quien no sabe ni tiene memoria de dónde viene que no sabe a dónde va. No preguntara un borrico más que vos. Dime, y perdone, si aquéste es rey o persona.
Soldado I	Persona y rey.
David	¿Y es muy rico?
Soldado I	Treinta mil soldados rige.
David	¿Todos de caras redondas?
Rey	En seso no le respondas.
David	Pues, yo con seso lo dije. Rey de bofes y livianos, rey de entrañas y tripas, rey de vino, rey de pipas, manda desatar mis manos,

       o a todos anegaré;
que soy, para haceros mal,
el diluvio universal.
Soy el arca de Noé.
    Temblad de este corazón
que si sois rey y persona,
yo también soy la tahona
adonde estuvo Sansón.
    Y vosotros, mentecatos,
¿para qué me habéis traído
ante un rey descomedido,
rey de negros y mulatos?
    Tomad aqueste rocío
que soy alba que amanece.

Soldado II	Digo que a David parece, si no es él.
Rey	Es desvarío. ¿Cómo un loco se os antoja que es David, el vencedor?
David	Esta cara de traidor es el necio que me enoja. Llega y la mano me besa, o al cielo en espacio poco por tus hombros subo. Un loco como un monte diz que pesa; ¿es verdad?
Soldado I	Sí.
David	Aqueste parche al ojo podrás traer.

Rey   Libre le dejad volver.
                  Marche el ejército, marche.

(Vase el Rey con soldados.)

David   Marche, pues que otro ha marchado
                  que sin orden volvió ya.

Soldado II   Otro te desatará;
                  un loco ha de estar atado.

(Vase.)

David   A fe, que David se acuerde
                  de este locura en que ya
                  es bien que el alma recuerde.
                  Dulce vida, en seso está
                  quien por vos el seso pierde.
                     Desdichas bien dignas son
                  de quien dejó su ganado
                  por cortesana opinión;
                  quien vive alegre en su estado
                  ése solo está en razón.
                     Bajé tras mi confusión,
                  subí tras mi pensamiento.
                  El que no tiene ambición
                  cuerdo está y dirá contento
                  que los otros locos son.

(Bajan los hermanos de David.)

                     Por esta montaña veo
                  bajar gente. ¡Oh si ya viera

                    el dulce fin que deseo
                    a la vida lastimera
                    en que mis años empleo!
                        Dios de Israel,... ¿hasta cuándo
                    he de andar peregrinando
                    por varios pasos? Detén
                    mi pesado mal, o el bien
                    que va para mí volando.

Hermano I   ¿Es David?

David   Sí. ¿Quién le llama?

Hermano II   Quien lo busca, quien lo estima.

David   Hermanos, que esta alma os ama,
                    ¿dónde vais?

Hermano I   Hoy nos anima
                    a cosas nuevas tu fama.

David   No pensé que érades vivos.

Hermano II   Con otros muchos soldados
                    que aquí viven fugitivos,
                    por pobres y desdichados,
                    entre esos montes altivos
                       deudas nos tienen agora,
                    que juntos trescientos vemos.,
                    Rey serás dentro de una hora
                    si quieres que coronemos
                    esa frente vencedora.

David   ¿Son delincuentes huidos?

Hermano I	No, sino pobres perdidos
por deudas como las mías.
David	Rey seré, como el Mesías
de tristes y de afligidos.
La corona acepto. Cielo,
¿qué fin tendrán estos casos?
Nuevos peligros recelo.

(Sale un Soldado.)

Soldado	Siguiendo vengo tus pasos,
con curso no, mas con vuelo;
dame albricias.
David	Di, ¿por qué?
Soldado	El rey Saúl es ya muerto.
Los montes de Gelboé
podrán decir cómo es muerto,
que allí la batalla fue.
Jonatás también murió.
David	¿Qué dices?
Soldado	Murió tu amigo.
A ambos, a dos, los mató
el ejército enemigo.
A Saúl encontré yo
herido y sin esperanza
de vivir, diciendo así:
«Dadme muerte sin tardanza»;
pero yo le obedecí

y atraveséle mi lanza.
   La corona le quité
y de un brazo el armadura.
Tuyas son. Rey eres.

David   Fue
su muerte mi desventura.
¡Ah, montes de Gelboé!
   ¡Maldígaos Dios! El rocío
del alba cándida frío
nunca en vosotros descienda.
La nieve helada os ofenda.
Secos os deje el estío.
   ¡Ay, Jonatás! ¡Ay, mitad
del alma! ¡Ay, perdido bien!
Salid de vuestra ciudad,
hijas de Jerusalén;
sobre sus huesos llorad.
   Rey amigo, yo os prometo
vengaros del enemigo;
y tú, traidor indiscreto,
bien mereces el castigo,
si al rey perdiste el respeto.
   ¿Al ungido de Dios diste
la muerte? Aunque él la pedía,
¿por qué al cielo no temiste?
Toma de la mano mía
estas albricias.

(Le mata.)

Soldado   ¡Ay, triste!

David   Jonatás muerto, ¿y yo vivo?

Saúl muerto, ¿y vivo yo?
¿Cómo, si pena recibo,
la pena no me acabó?
¡Humano bien fugitivo!
    Rasgaré mis vestiduras,
y les daré sepulturas.
¡Tales son las majestades
de esta vida: vanidades,
sueños, sombras y locuras!
    Dios, tu bondad me aficiona.
Justas son, mi Dios, tus leyes,
pues dándome la corona
me avisas como a los reyes
jamás la muerte perdona.

Fin de la segunda jornada

Jornada tercera

(Sale David a un balcón.)

David Gracias al cielo divino,
que en dulce paz rey me veo,
bien que el humano deseo
apenas en mí previno.
Pastor, pobre, peregrino,
en esta vida me vi;
humildemente nací,
mas ya el tiempo me asegura
que hasta mi misma ventura
está envidiosa de mí.
 Dios ha quitado a la casa
de Saúl el grave peso
[que le turbó con exceso,]
y ya a mis hombros lo pasa;
mano pródiga, no escasa,
el cielo ha tenido en esto,
y aunque el gusto manifiesto,
ser debe el temor profundo,
que el mayor peso del mundo
sobre mis hombros ha puesto.
 ¡A cuántos el peso inclina
que no le pueden llevar!
Porque carga de reinar
requiere fuerza divina.
Quien ligera la imagina,
en sí no la considera,
que es de la propia manera
que el agua, que está pesada
del mar o fuente sacada,
y en su centro está ligera.

　　　　　Los ojos me están burlando,
　　　　o entre ramas o entre flores,
　　　　donde sus celos y amores
　　　　las aves están cantando
　　　　veo una mujer bañando
　　　　su hermosura sin igual
　　　　de su imagen de cristal
　　　　de agua en la pila vertido.
　　　　¿O es el sola que ha descendido
　　　　de su esfera celestial?
　　　　　Compite con su blancura
　　　　la espuma, y queda vencida;
　　　　el agua está detenida
　　　　contemplando su hermosura;
　　　　el Sol en vano procura
　　　　llegar con su luz a vella.
　　　　No he visto mujer tan bella,
　　　　hermosura tan extraña.
　　　　En el agua no se baña,
　　　　el agua se baña en ella.
　　　　　En el jardín donde está,
　　　　lleno de flores suaves,
　　　　música le dan las aves,
　　　　porque silencio les da.
　　　　Decir podré que vi ya
　　　　el alba en el paraíso.
　　　　Bella mujer, yo te aviso
　　　　que en el agua no te veas,
　　　　si hacer verdad no deseas
　　　　las fábulas de Narciso.

(Sale Josef.)

Josef　　　　　　　Tus cinco gobernadores

	están, señor, esperando.
David (Aparte.)	(Las aguas la están bañando, muertas de envidia y de amores. De un jazmín se caen las flores en la pila de marfil. Parece que en el abril perlas llora la mañana. Dijera que era Diana si la viera algún gentil.)
Josef	A las cortes de estos días quieren, señor, poner fin.
David (Aparte.)	(¿Cúyo será este jardín vecino a las casas mías? Ya me acuerdo, así de Urías. Ella es Bersabé sin duda. Hoy hallo la fama muda, de mis ojos excedida, porque ella la vio vestida y ellos la vieron desnuda.)
Josef	Descienda, pues, tu grandeza al consistorio real.
David (Aparte.)	(En vano vuelve el cristal de la pila su belleza. Los rayos de su cabeza, como el Sol, hacen aprisa reflejo, y el agua avisa a otras olas su hermosura, y por hurtarle blancura bañándola están con risa.)

Josef   Venga tu alteza, o señale
                       hora en que esté más ocioso.

David (Aparte.)   (Ya sale del baño hermoso,
                       y de él tan divina sale
                       que no hay alba que la iguale,
                       ni Sol que del mar de oriente
                       salga más resplandeciente.
                       Hechura de perlas traen
                       las gotas de agua que caen
                       de su cuerpo transparente.)

Josef   Pienso que estás divertido...
                       ¿Oyes, señor?

David   ¿Qué me dices?

Josef   Que el consistorio autorices;
                       que a tus cortes han venido
                       los del gobierno.

David   ¿Y se han ido?

Josef   No, señor.

David   Pues, diles...

Josef   ¿Qué?

David   Que se vayan.

Josef   Sí, diré.

(Vase Josef.)

David   Si con tales armas vienes,
         Amor, vencido me tienes;
         resistirlas no podré.

(Sale Bersabé, los cabellos sueltos, y Anfrisa criada, con un canastillo de flores.)

Anfrisa   Mientras tú has bañado,
           flores del jardín cogí.

Bersabé   Solo quiero este alhelí.

Anfrisa   ¿Cuál, señora?

Bersabé   Ése morado,
           porque a un pecho enamorado
           aficiona esa color.

Anfrisa   ¿Que no has vencido ese amor?

Bersabé   Es fuerte, y es porfiado.
           [...   -ado]
           [...   -or].
             Desde aquel alegre día
           que David venció al gigante,
           amor con alma constante
           quiere sujetar la mía.
           Si la razón me desvía
           de este necio atrevimiento,
           en su discurso violento,
           el apetito es sutil,
           y anda una guerra civil

                            en mi loco pensamiento.

David   El más caudaloso río
                            fuente a sus principios es,
                            y encima sufre después
                            la fábrica de un navío.
                            Mi amorosa desvarío
                            será de esta calidad:
                            primero curiosidad,
                            después antojo, amor luego,
                            y vendrá a emprenderse un fuego
                            que abrase la voluntad.
                               Venenos del alma son
                            los deseos, los antojos,
                            y se beben por los ojos.
                            Quiero quitar la ocasión.

(Quítase David del balcón.)

Bersabé   Muda será mi pasión,
                            pues que decirse no pudo,
                            sordo el remedio. ¿Qué dudo,
                            ciego mal, loco rigor?

Anfrisa   Tú tienes gentil amor:
                            sordo, loco, ciego y mudo.

(Vuelve a salir al balcón David.)

David   Hiere con más resplandor
                            el Sol en el mar voltarios
                            que, por vencer su contrario,
                            cobra en sí fuerza mayor.
                            De esta suerte es el amor,

	que embiste con fuerza inmensa
	cuando la razón le piensa
	vencer con la privación;
	y a tan hermosa ocasión,
	¿qué mármol tendrá defensa?
	Quiero hablarle desde aquí.

| Bersabé | ¿Qué amor a un alma causó |
| | aqueste desmayo? |

| David | Yo. |

| Bersabé | ¿Es hombre el que habló así? |

| David | Sí. |

| Bersabé | ¡Y a bañarme me atreví! |

| David | Vi. |

| Bersabé | Olmo, ciprés, fuente, vid, |
| | quien me responde decid. |

Anfrisa	¡Qué donosa fantasía!
	Claro está que no sería
	esa muda vid.

| David | David. |

| Bersabé | David ha dicho. ¡Ay de mí! |

| Anfrisa | El rey está a la ventana. |

| David | A vuestra luz soberana, |

              hermosa dama, salí;
              mas cegué cuando la vi,
              como el que el Sol ha mirado,
              que se ve desalumbrado
              si a la sombra pasa luego.
              Así yo quedé tan ciego
              que irme quise y no he acertado.

Bersabé   Anfrisa, turbada estoy
              más de amor que de vergüenza.

Anfrisa   Ánimo cobra y comienza
              a saber de amores hoy.,
              Yo por consejo te doy
              que a todo le digas sí,
              y te excusarás así
              de envites.

Bersabé   ¡Triste suceso,
              si me vio desnuda!

Anfrisa   De eso
              no te ha de pesar a ti.
                Si él te vio, ya está casado;
              y así, estuvieras tú viuda,
              fueras reina.

Bersabé   Calla.

David   Muda
              sospecho que os he dejado.
              Aunque siendo vos traslado
              del cielo, de luz más pura,
              no podrá mortal criatura

                escuchar vuestra armonía,
y así, con silencio, el día
nos descubre esa hermosura.

Bersabé   Si me decís que han cegado
los ojos del Sol heridos,
¿qué mucho que mis sentidos,
viendo al rey, se hayan turbado?
Sol es el rey que, asentado
en la esfera que es su asiento,
con igual repartimiento
su luz a ninguno niega.
No es el Sol que los ojos ciega
mas turba el entendimiento.

David   Porque el Sol idolatrado
de los gentiles no sea,
quiso su autor que se vea
muchas veces eclipsada;
y pues Sol me habéis llamado,
podré decir con verdad
que es mi eclipse esa beldad
y que Dios lo permitió
para que conozca yo
que mi reino es vanidad.
   Por una flor peregrina
de ese jardín que aficiona,
diera la ilustre corona
del reino de Palestina.
Si vuestra mano divina
me quisiera dar alguna,
me habrá hecho la Fortuna
rey no, mas vuestro cautivo;
y si luz de vos recibo,

	Sol no seré sino Luna.
Bersabé	Pues que dais tantos favores
por una flor tan ligera,
seré vuestra primavera
y os daré diversas flores.
Anfrisa	A sus requiebros y amores,
y a decir que eres hermosa,
no te muestres desdeñosa;
que hay hombre que quieren bien,
y se cansan cuando ven
la empresa dificultosa.
Y esto es común en la gente
que trata de devoción,
que, si pasa la ocasión
que quiere y tiene presente,
otro día se arrepiente.
Santo es David y por esto,
si hoy, amante, está dispuesto,
mañana está arrepentido;
que el más justo sí ha caído,
pero levántase presto.
David	Quisiera, para pagar
esas flores ofrecidas,
tantas alma, tantas vidas
como arena tiene el mar;
porque así os pudiera dar
todas las veces que os viera
una vida, un alma, y fuera
para mí victoria y palma
veros a trueque de un alma,
que el veros otra me diera.

Bersabé	Si a quien flores os promete
dais, señor, tantos favores,
yo misma de aquestas flores
tejer pienso el ramillete;
y aunque a mi esposo respete,
os le diera con mi mano,
para que no fuera vano
tan grande agradecimiento,
teniendo algún fundamento.
David	Vuestro ingenio es soberano.
Mas, ¿por qué pensáis dejar
de dármele?
Bersabé	Porque creo
que al atrevido deseo
mi brazo no ha de igualar;
¿cómo podré yo alcanzar?
David	Bajando yo de la suerte
que baja el águila fuerte,
de veloz flecha herida,
a la fuente en quien la vida
pensó hallar y halló la muerte.
Alegre y desconocido,
en las alas del favor,
de vuestra fama y mi amor,
aunque os parezca atrevido,
señora, licencia os pido
de que a mí se me permita
haceros una visita
esta noche.

Bersabé	¿Y si es notado?
David	¿De noche y disimulado? ¡Qué murmuración lo quita?
Bersabé	Visitar dice parlar, y parlar entretener; venir podéis.
David	No es mujer quien tal gloria sabe dar. Báñate preso en el mar, claro Sol. Ven, noche oscura, que otro Sol de luz más pura en tus sombras resplandece. Loco voy, que se parece el contento a la locura.

(Vase David.)

Anfrisa	Eres discreta y honrada porque, ya que bien quisiste no rogaste pero diste ocasión de ser rogada; y ya del rey visitada no has menester mi lección.
Bersabé	Si sola visitas son, en mi honor no habrá violencia.
Anfrisa (Aparte.)	(Rey con amor y licencia mal perderá la ocasión.)

(Vanse. Salen por abajo David y Josef.)

David	Josef, preguntarte quiero:
	yo bajé con alegría
	y, en un instante ligero,
	ya es en mí melancolía
	lo que fue gusto primero;
	¿de qué podrá resultar?
Josef	El bien no sabe parar;
	si en el gusto procediera
	del cielo, perpetua fuera;
	si es del mundo, ha de volar.
David (Aparte.)	(¿Cómo, iay de mí!, he consentido?
	¿Cómo hubo en mí tal flaqueza?
	Bien que sin haber venido
	me causa tanta tristeza,
	¿qué será después de ido?
	Hizo Amor que desease,
	y gusto que así declina,
	y hace que el alma se abrase
	solo cuando se imagina,
	¿qué será cuando se pase?
	Vencer tanto mi apetito,
	que si a Bersabé visito
	gloria y gusto puedo hallar,
	pero es locura trocar
	por un breve un infinito.)
Josef	¿Qué tienes, señor?
David (Aparte.)	(iQue ciega
	está ya mi fantasía!
	Si Amor me brinda y me ruega,

será mi melancolía
porque la noche no llega.
　Si las nieblas son señales
de que hecha más resplandor
en el Sol, tristeza tales
prometen gloria mayor
en tus ojos celestiales.
　El Sol se ha puesto, y así
es hora que salga el Sol
de Bersabé para mí.)
Por si me busca Micol,
quédate, Josef, aquí.

(Vase David y quédase Josef y salen Urías y Pascasio de camino.)

Urías　　　　　　　Pascasio, gracias a Dios
que llegué a Jerusalén.

Pascasio　　　¿Por qué no las das también
de que llegamos los dos?

Urías　　　　　　　Boca tienes tú.

Pascasio　　　　　　　¿Qué es de ella?
De tentarla yo me excuso,
que ha tanto que no la uso
que pudiera no tenella.
　Vamos a casa.

Urías　　　　　　　No agora,
que al rey he de ver primero.

Pascasio　　　Apostar contigo quiero
que si me ve mi señora,

	que me recibe con vino
	antes de saber de ti.
Urías	No es posible.
Pascasio	Mas que sí.
	¿No dirá en viéndome: «¿Vino
	mi esposo?». Y yo muy gozoso
	la palabra beberé,
	y más vino añadiré
	diciendo: «Vino tu esposo».
Urías	Tú has ganado.
Josef (Aparte.)	(Éste es Urías,
	y el rey en su casa está;
	que dejó vencerse ya
	de amorosas fantasías.
	Quiérole aquí entretener.)
Urías	Que al rey aviséis os ruego,
	Josef, que he venido.
Josef	Luego,
	capitán, le podéis ver.
	¿Qué hay de nuevo?
Urías	Una victoria.
Josef	Paseáos.
Urías	En hora buena.
Pascasio	Pasear antes de cena
	es dar vueltas a una noria.

	Vámonos, señor, a casa.
Josef	¿El ejército, en efeto, vención?
Urías	Fue dicha, os prometo.
Josef	Referidme lo que pasa.
Pascasio	Señor, después de cenar entrarás más elocuente, que el estómago caliente diz que ayuda a bien hablar.
Urías	Los fuertes amaleguitas a Joab, mi general, huyeron.
Pascasio	¡Cuerpo de tal!, que dos abrazos me quitas. 　Voy, llamo: «¿Quién está ahí?». —Yo soy, señora—. «Entre pues.» —Anfrisa, mira quién es. ¡Pascasio!—. «¿Qué dices? Di.» 　—Que es Pascasio—. «¿Pascasillo?» —Sí, señora—. «¡Abrázame!» —¡Ay, mi ama Bersabé, más guardada que un castillo—. 　«¿Dónde queda tu señor?» —Ya viene—. «Pongan la mesa, Anfrisilla, date priesa. Trae vino.» —¿Cuál?—. «El mejor. 　Pascasio, cena entre tanto.» —Que me place—. «Toma.» —¿Qué?—.

	«De este licor de Noé.»
	—Bueno está; no me eches tanto—.
	Sin duda que esto me pasa,
	si entrar en casa me ven;
	aun pensarlo sabe bien.
	¡Ah, señor, vamos a casa!
Urías	Calla, necio. Al fin llegó
	la gente en hora tan buena.
Pascasio	¡Miren qué aliño de cena!
	¡Mal hay quien me parió!
Josef	¿Treinta mil vencidos?
Urías	Sí.
Josef	Gran victoria.
Urías	Aquesto pasa.
Pascasio	¿Quiere que me llegue a casa?
Josef	No es bien que sepan de ti
	antes del rey la victoria.
	En efecto temerán,
	viendo que los cielos dan
	a nuestro rey tanta gloria.
Urías	Mirad si es hora, señor,
	para que al rey hable ya.
Josef (Aparte.)	(Si supieras dónde está,
	llevado de un ciego amor,

                no le esperaras así.)
El mismo rey saldrá presto.
Paseáos. Al fin, ¿tras de esto
vendrá el ejército?

Urías   Sí;
y Joab va conquistando,
que en la gran Jerusalén
mil alabanzas le den,
entrando en ella triunfando.
   Las centinelas suaves
que las damas palestinas
dicen con voces divinas
en las victorias más graves,
   las flores y aguas de olor,
los laureles y guirnaldas
que en la cabeza y espaldas
derraman al vencedor,
   merece mi general.
Dar esta nueva deseo
al rey.

Josef   Presto saldrá.

Pascasio   Creo
que se va aliñando mal;
   esta cena de hora pasa.

Josef   Torna a contarme el suceso
porque gusto mucho de eso.

Pascasio   ¡Ah, señor, vamos a casa!
   Vaguidos me dan de verte
pasear.

(Sale David, embozado de noche.)

David   ¡Ah, Josef! ¡Hola!

Josef (Aparte.)   (El rey vino.) Basta sola,
                        Urías, gente tan fuerte...

David (Aparte.)   (¡Urías es! Yo he salido
                        a buen tiempo de una gloria
                        que en mi alma y mi memoria
                        borrar no podrá el olvido.)

(Éntrase David por la otra puerta.)

Urías   Y fue milagro el vencer.

Pascasio   Quien quiera que vos seáis,
                        pues disimulado entráis,
                        no venís de bien hacer.

Josef   Sucesos son de la guerra.

Pascasio   Cierto embozado pasó;
                        ¿si es ladrón?

Josef   ¿Se te antojó?

(Aparta Pascasio a un lado a Josef.)

Pascasio   Con estos dos que la tierra
                          ha de comer, si en salud
                        un cuervo no me los saca,
                        lo vi pasar...

117

Urías	A una jaca escuchas.
Pascasio	Por su virtud.

(Sale David con ropa.)

David	Josef, ¿por qué no me dan de cenar?
Josef	Avisaré.

(Vase Josef.)

David (Aparte.)	(¡Ay, hermosa Bersabé!)
Urías	Dame tus pies.
David	Capitán, vos seáis muy bien venido; mucho gusto en veros tengo.
Urías	A avisarte solo vengo que el ejército ha vencido. Ésta el general escribe.

(Dale una carta.)

David	Dadme cuenta largamente de la victoria presente.
Urías	Para oírla te apercibe.
Pascasio (Aparte.)	(¿Qué pecado cometiste,

	hambrienta barriga mía?
	No ha de acabar en un día
	de contar.)
Urías	Como dijiste,
	salió el campo palestino...
David	La carta me lo dirá.
	Calla, déjalo y ve ya
	a descansar del camino.
Pascasio (Aparte.)	(¡Oh, rey discreto, rey santo,
	rey músico y rey poeta!)
David (Aparte.)	(Gocé a Bersabé discreta,
	y el venir aquéste es manto
	con que cubrirse podrá
	su adulterio. Su hermosura
	a mi seso da locura
	y a mi vida gloria da.)
	Por la mañana podré
(Aparte.)	despacharte. (¡Ay, dulce Amor!,
	déme a espacio su favor
	mi divina Bersabé.)
(Vase David.)	
Pascasio	¡Gracias a Dios que se entró!
	Irnos a cenar podremos.
Urías	Antes, Pascasio, no habemos
	de ir a casa.
Pascasio	¿Cómo no?
	Pues el dormir y cenar,

	¿de quién no ha de venir? ¡Que estoy ya para morir!
Urías	¿Por qué me he de regalar cuando en trabajos está el ejército de Dios?
Pascasio	Aquí para entre los dos, de aqueso, ¿qué se nos da? Comamos bien y durmamos, una noche que nos cabe.

Urías	Dios, que los secretos sabe,
	entiende lo que pensamos,
	   y a su imagen nos crió.
	Llevará sin duda mal
	que estando mi general
	en la guerra goce yo
	   los regalos de mi casa.
	Bersabé no me ha de ver.
	¡Vive el Señor!, que he de ser
	buen soldado, y mientras pasa
	   la noche en alas ligeras,
	estos umbrales serán
	mi cama.

Pascasio	Sor capitán, ¿y es de veras?
Urías	Tan de veras que sobre mi capa quiero quebrar el sueño.
Pascasio	Señor,

	pregunto: ¿Y no es mejor
	quebrar la hambre primero?
	¿Quieres que Pascasio enferme?
Urías	Asno, pasa sin regalos.

Pascasio   Un asno sí sufre palos,
                  pero un hombre no.

Urías   Pues duerme.

(Recuéstanse junto al escotillón, espaldas al vestuario.)

Pascasio   ¡Qué buen remedio! Agudeza
                  de médico necio es
                  que aplica un parche a los pies
                  cuando duele la cabeza.
                    De hambre estoy muriendo,
                  y tú mándasme dormir.

Urías   ¿Qué pasión has de sentir
                  el rato que está durmiendo?

Pascasio   Hasta verme en eso es ello;
                  los cascos desvanecidos,
                  mal reposan los sentidos.

Urías   Duerme, loco.

Pascasio   Debe sello
                    quien hace este barbarismo.
                  ¡Miren qué cama y qué sueño!
                  Aunque no es colchón pequeño
                  pues que me acuesto en mí mismo.
(Recuéstase)   Astrólogo quiero hacerme,

                        conociendo algún planeta,
                        que el astrólogo y poeta
                        diz que ni cena ni duerme.

(Sale una figura de muerte y despierta a Urías.)

Urías   ¡Santo Dios, qué sombra fuerte!
                        ¿Son ilusiones o antojos?
                        Apenas cerré los ojos
                        cuando me llamó la muerte.

(Levántase.)

Pascasio   ¿La muerte? ¿Miraste bien
                        si era la hambre? Que son
                        muy parecidas.

Urías   Visión,
                        tu fiero aspecto detén.

Pascasio   Vamos a casa.

Urías   Si ofendo
                        a mi Dios solo en dormir,
                        a casa no tengo de ir.

(Desde dentro dos criados.)

Criado I   Morirás por ello.

Pascasio   Entiendo
                        que por ti lo dicen.

Urías   Yo

| | ver no quiero a Bersabé |
| | esta noche. |

Criado II   Pues a fe,
que jamás la has de ver.

Pascasio   ¿No?
 Mal agüero es éste. Vamos
allá, que tengo recelos;
que son voces de los cielos.

Urías   Quien do estas voces sepamos.

Pascasio   Nadie en los patios parece
de palacio. Recogida
está la gente.

Criado I   La vida
te ha de costar.

Urías   Mal crece.
 Mas también es caso fuerte
imaginar y creer
agüeros. No la he de ver.

Criado II   Pues daráte el rey la muerte.

Urías   Mi peligro es manifiesto.
¡Dios me valga!

Criado I   Estás sin honra.

Urías   ¡Sin honra! ¿Quién es deshonra?

Criado II   Y sin vida estarás presto.

Pascasio   Mejor dijera «estaremos»,
                  que ya de hambre y de miedo
                  respirar apenas puedo.

(Salen dos criados con espadas desnudas.)

Criado II   Cuando allá en el campo estemos,
                       se sabrá quién honra tiene,
                   o quién no venga tras mí.

Criado I   Digo que iré tras de ti.

Urías   ¿Qué es aquesto?

Criado I   Gente viene.

Criado II   Habemos, señor, reñido
                   por el juego, y dice a voces
                   que me ha de matar a coces,
                   y que honra no he tenido,
                       y así le desafiaba.

Urías   Agora descansaré,
                   que la causa y razón sé
                   de las voces que escuchaba.
                       ¿Estáis en palacio?

Criado I   Estamos.

Urías   Pues cese vuestra porfía;
                   sed amigos.

Criado I   Ya es de día;
                    volvamos al juego.

Criado II   Vamos.

(Vanse los criados.)

Pascasio   Basta, que el alba ha llegado,
                    riéndose de los dos.

Urías   Pienso que he servido a Dios
                    haciendo lo que a soldado
                        era justo.

Pascasio   El rey desciende.
                    ¿Dónde irá tan de mañana?

Urías   Al jardín.

(Sale el rey vistiéndose y Josef con recado de escribir.)

David (Aparte.)   (De mala gana
                    duerme el alma que pretende
                        amar. ¡Con cuánto deseo
                    quien ver lo que ama querría,
                    en la noche espera el día!
                    Ya su luz hermosa veo.)

Urías   Vuestra alteza ha madrugado
                    mucho.

David   Pues, ¿cómo has venido
                    tan temprano?

Urías	No he querido, señor, estar regalado, viendo que mi general solo en el campo se ve, y aquí la noche pasé.

David (Aparte.)	(Mi intento se logra mal,
	   que si la noche indistinta
	con Bersabé no ha pasado,
	conocerá su pecado
	si acaso quedar encinta
	   de mis visitas. Pues, muera,
	que aunque amigo de Dios fui,
	viendo a Bersabé caí
	de aquella amistad primera.
	   Pecar será de una vez
	el hacer que éste no viva.)
	Dame papel en que escriba.

(Aparte.)	(Rey soy, no tengo juez.)
Josef	Como ibas a despachar al jardín, la escribanía traigo aquí.
David (Aparte.)	(Si amor porfía, ¿quién le podrá contrastar?

(Escribe pronunciando.)

«Joab, mi capitán general, importa que muera Urías. Ponle en la batalla en parte que consiga este deseo.»)

Cierra aquésta...

(Cierra Josef la carta.) ...y brevemente
le has de llevar porque importa.

Urías La distancia que hay es corta
y mi amor es diligente.

David (Aparte.) (Ojos que partir te ven,
hombre desdichado y fuerte,
tarde volverán a verte
en la gran Jerusalén.)

Josef Toma.

(Dale la carta a Urías.)

Pascasio ¿Será menosprecio
que la abramos?

Urías ¿Eso cabe,
necio, en tu seso?

Pascasio Dios sabe.

Urías ¿Qué sabe?

Pascasio Quién es el necio.

(Vanse Urías y Pascasio.)

Josef ¿Qué es tu súbito pesar?

David Quien consiente en el pecar
de sí mismo es homicida.
¿Por qué, si Dios me da vida

yo me la quiero quitar?
   Rey es quien a Dios agrada,
nada quien quiebra su ley;
luego es locura extremada,
habiéndome hecho Dios rey,
hacerme yo mismo nada.
   Ingrato seré al Señor,
que a medida de mi gusto
me dio su gloria; pastor
ser quise fuerte y robusto,
y entonces me dio valor;
   vencer fieras deseé
y fieras desquijaré;
fue el apetito adelante,
derribar quise un gigante
y un gigante derribé;
   quiso mi elección discreta
que a decir versos se inclina,
ser músico y ser poeta,
y me dio con voz divina
espíritu de profeta;
   cuando perseguido voy,
quiero paz y en paz estoy;
honestamente quería
a Micol, Micol es mía;
rey quise ser, y rey soy.
   Hartura me prometed,
cielos, tras tanta merced.
¿Qué ambiciosa hidropesía
puede igualar a la mía?,
que el agua me da más sed.
   Con hambre infinita nace
el hombre, y cuando en su idea
mayores máquina hace,

                          más le falta, más desea.
                          Solo Dios le satisface.

(Siéntase David.)

Josef   Tú estás hoy contemplativo.

David   A un pensamiento lascivo,
                          ¿qué remedio habrá?, que es fuerte.

Josef   La memoria de la muerte
                          es un antídoto vivo.
                             Las humanas hermosuras,
                          si tú estos discursos haces,
                          te parecerán locuras;
                          por eso tienen los traces
                          abiertas las sepulturas.
                             ¿En qué pecados y excesos
                          no temerán los sucesos
                          cuerpos frágiles y humanos,
                          viendo que comen gusanos
                          las médulas de sus huesos?
                             Sentóse a comer un santo
                          con gran hambre, y se acordó
                          de la muerte, siendo tanto
                          su temor que no comió,
                          de lágrimas y de espanto.
                             ¿La memoria no te inquieta
                          del juicio?

David   Yo temblara
                          si oyera aquella trompeta,
                          que la viva voz templara
                          mi fuego.

Josef   (Industria es discreta
la que en esto se me ofrece.)

(Vase Josef.)

David   Con la resistencia crece
amor, con la privación,
apetito y la ocasión
hermosa se me aparece.
    Pero venceré el temor.
Que viva Urías deseo
ya que le ofendo el honor.
Despachar quiero un correo
que, aunque rey, seré traidor.
    El alma, de miedo llena,
me corrige, enseña y culpa,
porque es tan noble y tan buena,
que, sin gustar de la culpa,
lleva parte de la pena.

(Tocan dentro una trompeta.)

    Si esta trompeta es señal
del juicio temeroso,
en que mi alma racional
espera juez riguroso
en tremendo tribunal,
    si esta música es figura
de aquella que ha de llamar
al hombre en su sepultura,
¿cómo no empiezo a temblar
de mi pecado y locura?

(Torna a tocar y levántase David.)

          Si esta trompeta que suena,
          Josef, me dio tanta pena
          porque su son parecía
          a aquel del último día,
          donde se salva o condena
            el hombre, no es confusión.
          Viva, pues, el pobre Urías.
          Muera la dulce ocasión.
          Mueran las pasiones mías.
          Viva solo la razón.
            Ver no quiero a Bersabé.

(Sale Josef.)

Josef   ¿Has resistido?

David   De suerte
          que a la ronca voz temblé;
          que el que no teme la muerte
          o es loco o no tiene fe.

Josef   La reina sale.

David   Sus ojos
          serán los verdes y rojos
          arcos que el cielo serenan,
          pues la tempestad refrenan
          de mis lascivos antojos.

(Sale Micol.)

Micol   Mi señor.

David	Bien soberano.
Micol	Buscándoos voy.
David (Aparte.)	Por la mano me ganáis. (Sombra es Micol de aquel peregrino Sol cuya luz resisto en vano.) Tomas, señora, una silla.
Micol	Siglo es sin vos cualquier hora.
David	Ésa es de amor maravilla.

(Sale Anfrisa, de labradora, con una canastilla de flores.)

Josef	¿Adónde vas, labradora?
Anfrisa	Traigo aquesta canastilla de flores al rey.
Josef	Detente.
David	¿Qué es esto?
Josef	Una jardinera con un rústico presente.
Anfrisa (Aparte.)	(Si es la reina, no quisiera que saber quién soy intente; mas viniendo disfrazada con prevención semejante, no pienso que importa nada

	que Micol esté delante.
David	¿Qué quieres?
Anfrisa (Aparte.)	(Ya estoy turbada.) Jardinera soy, señor, de tus jardines.
David (Aparte.)	(Amor, ya entiendo aqueste disfraz.) ¿Romper tienes con mi paz? ¿Tú has de salir con tu error?
Anfrisa	Y como os tardáis en vellos, como el otro rey solía, os traigo estas flores de ellos.
David (Aparte.)	(Bersabé me las envía.)
Anfrisa (Aparte.)	La hortelana que hay en ellos venir quiere por favores de vuestros ojos, señor. Dad licencia. (¡Qué temores me angustian!)
David (Aparte.)	Basta. (¡Qué amor. como áspid, viene entre flores!) Lisonjas son, por mi fe, estas flores. Yo prometo que de verlas gustaré.
Anfrisa (Aparte.)	(¡Oh, cómo el rey es discreto!)
David (Aparte.)	(Verme quiere Bersabé.)

	Vuestra intención sana y buena quiero pagar. Recibid, jardinera, esta cadena.
Anfrisa	Vivas, famoso David, larga edad de triunfos llena.
(Aparte.)	(Sabio rey tiene Israel. Bien me entendió.)
(Vase Anfrisa.)	
David (Aparte.)	(De un clavel, de dulce fragrancia lleno, la araña sacó veneno y la abeja sacó miel. Así yo sacar podría de estas flores alabanzas del Sabio Autor que las cría, y saco solo esperanzas de amar a quien las envía. Araña soy y no abeja. ¿por qué sosegar no deja al alma este rey tirano del apetito, y en vano la razón nos aconseja?) Aquí o en vuestro retrete, algo os podéis divertir haciendo algún ramillete mientras que voy a escribir unos despachos.
Micol (Aparte.)	(Billete pienso que dirás mejor.)
David	¡Ah, secretario!

Josef   ¿Señor?

David   Trae para escribir recado.

(Vanse David y Josef.)

Micol   Más estas flores me han dado
                  sospecha y celos que olor.
                     Venir una labradora
                  con solas flores así,
                  retirarse el rey agora,
                  y estar divertido aquí,
                  viendo que mi alma le adora,
                     con razón me dará celos.
                  Si son amores, verélos;
                  por fuerza lo he de saber
                  que soy curiosa mujer.
                  Amo mucho y tengo celos.

(Escóndese Micol. Sale Bersabé sola con manto.)

Bersabé   Si contemplo el estado
                  en que el tirano Amor el alma tiene,
                  hallo que el celo honrado
                  con fuerza de razón mi mal detiene,
                  y amor tanto me inclina,
                  que los dos me prometen la ruina.
                     A palacio, atrevida
                  a ver al rey, me trae el pensamiento;
                  rendí la honesta vida,
                  sin querer resistir su torpe intento,
                  que al rey, como a la muerte,
                  no hay resistencia, no, ni cosa fuerte.

(Sale David.)

David
Con huésped tan hermoso,
¿qué rey habrá en Judá ni en Palestina
jamás tan venturoso?

Bersabé ¿Tan hermosa os parezco?

David
Eres divina;
que es sombra de tus soles
el Sol entre morados arreboles.
   No es tan hermosa el alba
que anda de grana y de zafir vestida,
oye la dulce salva
de las aves con voz nunca aprendida,
y ella vierte en las flores,
por las que beben pájaros cantores;
   no es tan bella y ufana
la palma relevada en cuya cumbre
mostró la edad anciana,
pendiente con la rica pesadumbre,
los ramos tan opimos
que dan el fruto en pálidos racimos;
   ni el caballo que tiene
corto cuello, crin larga, ancha cadera,
rostro alegre, si viene
con bizarro pisar a la carrera,
o embiste al fiero toro
con bordado jaez y freno de oro;
   ni el manso mar que arranca
los ramos de coral, y en paz serena,
entre la espuma blanca,
el ámbar que vomita la ballena,

>   arroja con las olas
>   que cortan los delfines con sus colas;
>   ni el rubio fénix bello
>   con sus rosadas alas, y bordado
>   de azul y de oro el cuello,
>   y de púrpura el pecho matizado
>   en quien nunca se pierde
>   amarillo, oro, azul, rosado y verde.

Bersabé   A mí la bizarría
>   del sosegado mar en dulce calma,
>   del Sol, del claro día,
>   del caballo, del fénix, de la palma,
>   tu sombra me parece:
>   tanto a mis ojos mi David merece.

(Sale un correo con una carta.)

Correo   Joab, señor, me envía
>   a toda diligencia con aquésta.

(Dásela.)

David (Aparte.)   (Aquí la tiranía
>   el amor de mi pecho manifiesta.)

(Vuélvesela a Josef para que la lea y lee Josef.)

Josef   «Cumplí tu real mandado;
>   murió como valiente y desdichado.»

(Acaba de leer y dícele Josef a Bersabé.)

>   Si acaso no derramas

	con la tierna piedad lágrimas frías, si al rey de veras amas, su esposa puedes ser, que es muerto Urías.
Bersabé	¿Cuándo a su esposo llora la mujer mientras vive aquél que adora? 　En el seno piadoso de su padre Abrahán espere Urías, que yo, con tal esposo, amando pasaré felices días.
David	Prendan en dulces lazos a mi cautivo cuello tales brazos.

(Abrázanse y sale Micol.)

Micol	El alma no me engaña cuando llena de amor sospechas tiene.
Bersabé	A Micol desengaña que con celos y amor airada viene.
David	Mi dulce esposa eres, pues la ley me concede más mujeres.
Micol	Y yo, siendo tu esposa, amiga le he de ser y compañera.
Bersabé	Dame, Micol hermosa, tus manos.
Micol	Que soy tuya considera.
Bersabé	Tu gusto solo sigo.

Micol   Ven a mi cuarto, Bersabé, conmigo.

(Vanse las dos.)

David   Agora de amor puedo
                 gozar los pasatiempos y favores
                 sin sospechas y miedo.
                 Si entre pedazos de cristal y flores
                 flechó el arco atrevido,
                 perpetua primavera ha prometido.

(Sale Natán.)

Natán   ¡David, David!

David   ¿Qué me quieres,
                 Natán, dichoso profeta?

Natán   Dime, ¿qué pena merece
                 quien tiene muchas ovejas
                 y una sola que tenía
                 un pobre quitó por fuerza,
                 dándole muerte por ello?

David   Vive el Señor que gobierna
                 los cielos y el mundo, que es
                 digno de muerte.

Natán   Sentencia
                 contra ti mismo pronuncias.
                 Tú eres digno de esa pena.
                 Muchas mujeres tenías
                 sin que la muerte le dieras

a Urías tras su deshonra.
Dios te amenaza con guerras,
con pestilencia, con hambre,
con agravios, con afrentas.
Tú has de engendrar el cuchillo
que tu mismo sangre vierta.

David   «Miserere mei Deus secundum magnam
misericordiam tuam.»
   Ten de mí misericordia,
Dios, y siente mis miserias
según en número grande
de tu piedad y clemencia;
y según la muchedumbre
de tus divinas y eternas
misericordias, Señor,
borra mi maldad inmensa.
De aquí adelante me lava
de mis delitos y ofensas,
y haz que de mis pecados
limpio y perdonado sea,
porque yo mismo conozco
mi culpa, digna de pena,
y mi pecado está siempre
contra mi misma conciencia.
Contra ti solo pequé:
a ti solo se confiesa
y se dice mi pecado.
Y mal hice en tu presencia,
porque en tus santas palabras
tú justificado seas,
y cuando fueres juzgado,
en lo que prometes venzas;
porque ves aquí que yo

soy concebido en ofensas
y entre culpas y pecados
me engendró mi madre mesma.
Ves aquí, porque has amado
la verdad. Cosas inciertas
de tu gran sabiduría
y ocultas me manifiestas.
Rociarásme tú, Señor;
limpio seré con la hierba
del hisopo; y lavarásme,
porque más blanca parezca
que cándida y pura nieve.
Darás gozo y mis orejas,
y los huesos humillados
tendrán regocijo y fiesta.
Aparta de mis pecados
tu divina cara eterna;
borra todas mis maldades.
Un corazón con limpieza
en mi pecho, mi Dios, cría,
y en mis entrañas renueva
un espíritu derecho.
No me arrojes y diviertas
de tu cara; el Santo Espíritu
no apartes de mi presencia.
Vuélveme a dar la alegría
del Cristo que el mundo espera,
y en el principal espíritu
confirma mi ánimo y fuerzas.
Enseñaré a los malvados
tus caminos y tus sendas,
porque así los pecadores
a ti, Señor, se conviertan.
Líbreme, Dios, de homicidios;

Dios de mi salud perpetua,
en tu divina justicia
regocijarse ha mi lengua.
Abrirás, Señor, mis labios,
para que mi boca pueda
pregonar tus alabanzas.
Porque si tú, Dios, quisieras
sacrificio, ciertamente
ofrecido te lo hubiera;
mas ya con mis holocaustos
deleite no recibieras.
Sacrificio es para Dios
un espíritu que sea
atribulado; el contrito
corazón, Dios, no desprecias.
Haz, Señor, benignamente
según tu voluntad buena
a Sión, porque los muros
de Jerusalén se puedan
edificar; y tú entonces
aceptarás las ofrendas
de justicia, y en tus aras
sacrificarán terneras.

Natán

Perdonado te ha el Señor,
porque has pedido de veras
misericordia.

David

    Pues yo,
que su cantor y poeta
tengo de ser, alabanzas
quiero escribir, porque sean
celebradas en mi arpa
y después cante su iglesia

mis salmos.

(Siéntase a escribir en el bufete en el oratorio.)

      Ora, entretanto,
   por mí, divino profeta,
   que con mis lágrimas quiero
   templar al arpa las cuerdas.
   Con esta pluma pretendo,
   como tú, Señor, me vuelvas
   el espíritu profético,
   darte alabanzas inmensas.
   ¡Hola!

(Sale Josef.)

Josef   ¿Qué mandáis?

David   Cerradme
   de este camarín las puertas.

(Corre la cortina Josef y vase.)

Natán   Admirable es en sus santos
   Dios que, con lágrimas tiernas,
   su rigor vuelve en piedad.
   Llora, pues, hombre, si pecas,
   porque una lágrima sola
   apaga llamas eternas.
   En el camarín del rey
   tan dulce música suena,
(Tañen dentro el arpa.) que me admira si es el arpa
   con que el rigor de Dios templa.

(Corre la cortina y aparece David, elevado, con silla y bufete; y un ángel pendiente con un espejo grande, y otros dos con arpa y vihuela.)

Ángel   Pues tus lágrimas lavaron,
                 profeta rey, tu delito,
                 a los misterios que vieres
                 escribe salmos divinos.
                 Dios te hizo su poeta,
                 y así a tus sagrados himnos
                 pondrán tono y cantarán
                 los espíritus que has visto.

David   Ángel de Dios, en tu espejo,
                 que del cielo cristalino
                 parece que es un pedazo,
                 profundos misterios miro.
                 A Dios están suplicando
                 los padres santos del limbo
                 que del cielo les envía
                 el esperado rocío.
                 En un humilde portal
                 de cuyo techo pajizo
                 tomas las rubias estrellas
                 su resplandor amarillo,
                 el Esperado del mundo
                 entre dos bestias nacido
                 está, humanado, diciendo
                 como es Dios y de Dios hijo.

Ángel   Empiece el salmo que escribes
                 al nacimiento de Cristo:
                 Dixit Dominus Domino meo.

David   El mismo humilde portal

es ya corte, que regidos
por una divina estrella,
le adoran tres reyes ricos.
Como a Dios, hombre y mortal,
le ofrecen dones distintos.
Al mismo Dios que adoraron
los tres reyes peregrinos,
con temor de los romanos
quieren prender los judíos.
Que muera por darnos vida
el gran pontífice ha dicho.

Ángel   Será el principio del salmo
que has de hacer a ese concilio:
Quare fremerunt gentes.

David   Sobre una cruz le levantan.
¡Qué misterios! ¡Qué prodigios!
Sol y Luna se oscurecen,
tiemblan los montes altivos.
¡Venganza, cielos, venganza,
que dan muerte al Infinito!
Y, en el cristal del espejo,
salir glorioso le miro
del sepulcro entre los muertos
a aparecerse a los vivos.
¡Qué hermoso resuscita!
¡Gran poder! ¡Amor no visto!
Sobre los cuatro elementos
pone ya los pies divinos,
y en alas de querubines
va subiendo al cielo empíreo.
Los cielos le reverencian
y tan glorioso ha subido

	que admirándose la cantan.
Ángel	Prosigue tú [con] el himno: Domine Dominus noster.
David	Otra vez venir le veo airado y justo al juicio de los hombres que ha criado y en su muerte ha redimido; temblando estoy de mirarle. ¡Ay mi Cristo! ¡Ay Cristo mío!
Ángel	Será Dominus regnavit este verso.
David	Así le escribo.
Natán	Y yo, que sufrir no puedo estos rayos peregrinos, me saldré del aposento donde entré no siendo digno.
(Cierra la cortina.)	Escribe, santo poeta, que en los católicos siglos tus versos sacerdotales dirán a coros divinos. Perdonóle Dios de veras a dos palabras que dijo. Tanto con el alto cielo puede un corazón contrito.

(Abre David al oratorio y aparece escribiendo abajo.)

David	Pues, Natán, aquí te estás. Pienso que un rato he dormido.

(Sale Josef.)
En un regalado sueño
grandes misterios he visto.
Ya me atrevo a colocar,
lleno de un gran regocijo,
el arca del testamento
en mi casa, agradecido
a las mercedes del cielo.
No se puede llamar hijo
de Dios el que no agradece.

(Vase Natán y quédase Josef.)

Josef   El rey está divertido
               de mucho gozo.

(Salen los hermanos de David.)

Hermano I   Seremos,
               pues que de Belén venimos
               a ver al rey, nuestro hermano,
               con tierno amor recibidos.
               Ya que del muerto Jesé
               lloramos los huesos fríos,
               y en su sepulcro se han hecho
               actos funestos y píos,
               ocuparnos puede el rey
               en militares oficios.

Hermano II   ¿Dónde está David?

Josef   Hoy quiere,
               en este devoto sitio,
               mostrarnos el arca santa,
               en quien el maná divino,

la vara y leyes están,
con fiestas y sacrificios.
Entre las rústicas pieles
está el arca, y ya imagino
que el rey para festejarla
tiene bailes prevenidos.
En tanto que se edifica
un templo sagrado y rico
o el alcázar de Sión,
este lugar ha escogido;
como es ungido de Dios,
colocarla puede él mismo.
Y ya la música suena;
a buen tiempo habéis venido.

(Con chirimías descubren el arca y salen gitanos y gitanas bailando, Micol, Bersabé, y David con ropa y corona.)

Músicos   Tiene el arca santa
               vara de castigo,
               leyes celestiales
               y néctar divino.
               Vara peregrina
               que milagros hizo
               en el cautiverio
               del reino de Egipto,
               leyes que bajaron
               desde el cielo empíreo
               y maná sabroso
               que llovió en rocío:
               leyes celestiales
               y néctar divino.
               Bailen los gitanos
               pues que son testigos

de las maravillas
del pasado siglo.
Vengan al Jordán
desde el fértil Nilo
para ver el arca
de misterios ricos:
leyes celestiales
y néctar divino.

David   Arca santa, leyes pías,
vara y celestial sustento,
figura del monumento
del venidero Mesías,
   pobres vuestras aras son;
recibid esta fe rica
en tanto que se edifica
el alcázar de Sión.
   En daros templo, mis rentas
gastara yo, mas contemplo
que mi Dios no querrá templo
de manos sanguinolentas.
   Mas ya que templo no os doy
daré mi misma persona;
mal con púrpura y corona
en vuestra presencia estoy.

(Arroja la ropa y corona.)

        Dadme mi arpa o una lira;
tañed, que quiero bailar,
porque es razón celebrar
misterio que al hombre admira.
   Si soy músico de Dios,
razón es hacer mi oficio.

(Danza aquí.)

Micol	¿Señor, estáis con juicio? Siendo rey de Judá vos, ¿os queréis hacer truhán?
David	Micol, si yo mereciera ser truhán de mi Dios, fuera sabio, justo, rey, galán. ¿Qué mal murmuras de mí! Tú, ¿qué dices Bersabé?
Bersabé	Que haces bien, grande es tu fe.
David	Los reyes vendrán de ti; la sucesión he de darte.
Bersabé	Siempre estaré agradecida.
Micol	Y aquí Lisardo convida para la segunda parte.

Fin de la comedia

Libros a la carta

A la carta es un servicio especializado para
empresas,
librerías,
bibliotecas,
editoriales
y centros de enseñanza;
y permite confeccionar libros que, por su formato y concepción, sirven a los propósitos más específicos de estas instituciones.

Las empresas nos encargan ediciones personalizadas para marketing editorial o para regalos institucionales. Y los interesados solicitan, a título personal, ediciones antiguas, o no disponibles en el mercado; y las acompañan con notas y comentarios críticos.

Las ediciones tienen como apoyo un libro de estilo con todo tipo de referencias sobre los criterios de tratamiento tipográfico aplicados a nuestros libros que puede ser consultado en Linkgua-ediciones.com.

Linkgua edita por encargo diferentes versiones de una misma obra con distintos tratamientos ortotipográficos (actualizaciones de carácter divulgativo de un clásico, o versiones estrictamente fieles a la edición original de referencia). Este servicio de ediciones a la carta le permitirá, si usted se dedica a la enseñanza, tener una forma de hacer pública su interpretación de un texto y, sobre una versión digitalizada «base», usted podrá introducir interpretaciones del texto fuente. Es un tópico que los profesores denuncien en clase los desmanes de una edición, o vayan comentando errores de interpretación de un texto y esta es una solución útil a esa necesidad del mundo académico.

Asimismo publicamos de manera sistemática, en un mismo catálogo, tesis doctorales y actas de congresos académicos, que son distribuidas a través de nuestra Web.

El servicio de «libros a la carta» funciona de dos formas.

1. Tenemos un fondo de libros digitalizados que usted puede personalizar en tiradas de al menos cinco ejemplares. Estas personalizaciones pueden ser de todo tipo: añadir notas de clase para uso de un grupo de estudiantes, introducir logos corporativos para uso con fines de marketing empresarial, etc. etc.

2. Buscamos libros descatalogados de otras editoriales y los reeditamos en tiradas cortas a petición de un cliente.

www.ingramcontent.com/pod-product-compliance
Lightning Source LLC
Chambersburg PA
CBHW051344040426
42453CB00007B/400